昭和40年代以降に廃止・転換された ！

国鉄・JRの 廃線アルバム

【東北編】

山田 亮 著

会津線の会津田島、只見線の只見と福島〜仙台を結ぶ急行「いなわしろ」（福島〜仙台間普通列車）。会津線内、只見線内はキハ52形がそれぞれ1両で運行された。たった1両の急行はほかに胆振線（北海道）の急行「いぶり」があるだけだった。1982（昭和57）年11月改正時に廃止された。◎会津線　弥五島〜湯野上　1982（昭和57）年10月24日　撮影：荒川好夫（RGG）

Contents

大沢橋梁を渡るキハ20形とキハ
40形の2両編成。国道と並行した
撮影名所である。
◎久慈線　普代～堀内
1979（昭和54）年12月15日
撮影：安田就視

東北本線の盛岡〜八戸間は2002（平成14）年12月に東北新幹線が開業した際、第三セクターに経営分離され、盛岡〜目時間がIGRいわて銀河鉄道、目時〜八戸間（その後青森まで）は青い森鉄道として地域輸送主体の鉄道に生まれ変わりました。同線は整備新幹線関連の継承路線のため、本書の掲載対象外としました。

東北地方の国鉄廃線、第三セクター化路線

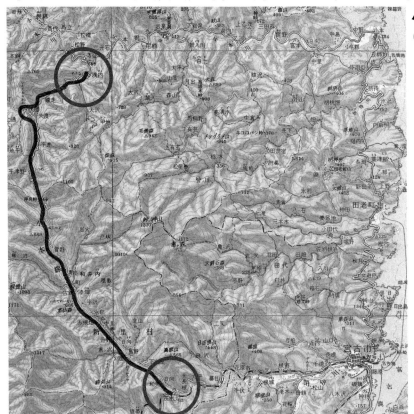

小本線（後の岩泉線）
（1960年）

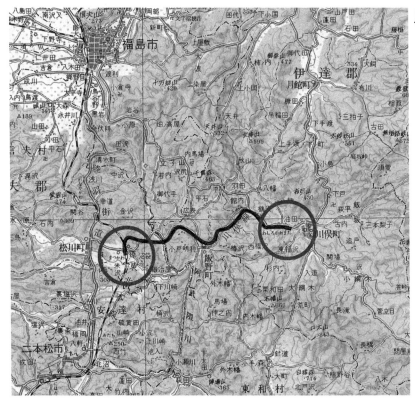

川俣線（1958年）

白棚線（1938年）

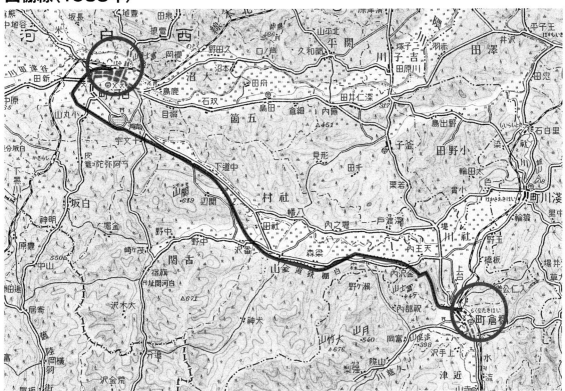

日中線（1960年）

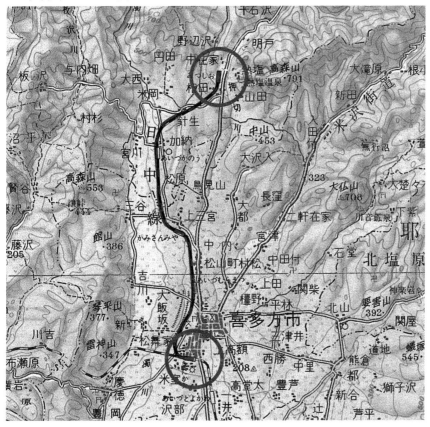

大畑線（1961年）

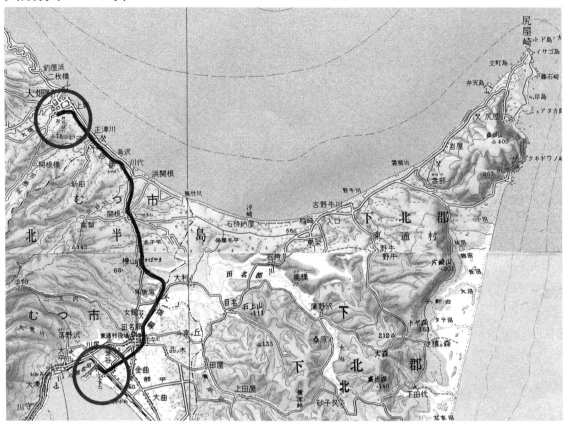

黒石線（1962年）

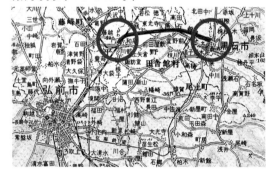

久慈線（1982年）

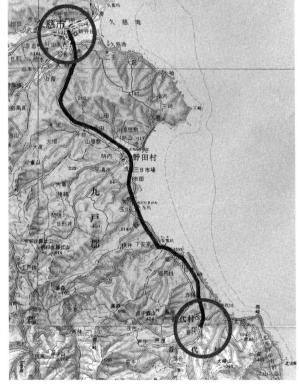

宮古線・山田線（1983年）

阿仁合線（1960年）

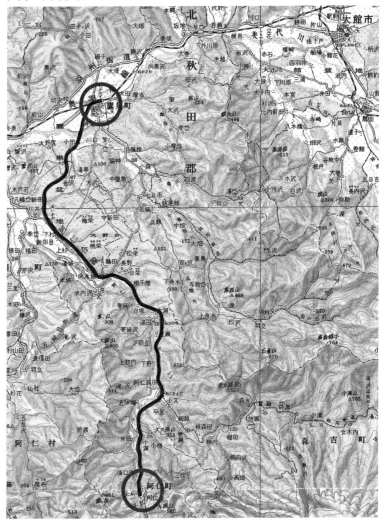

盛線（1982年）

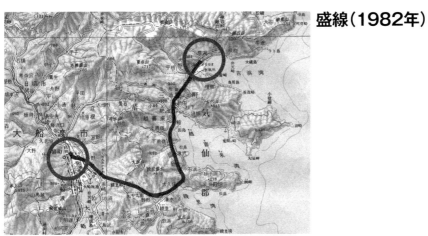

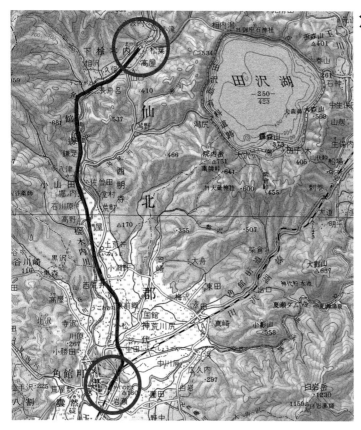

角館線（1971年）

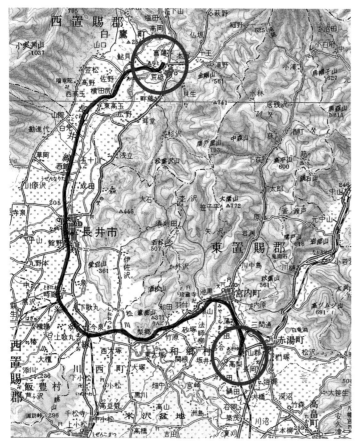

長井線（1959年）

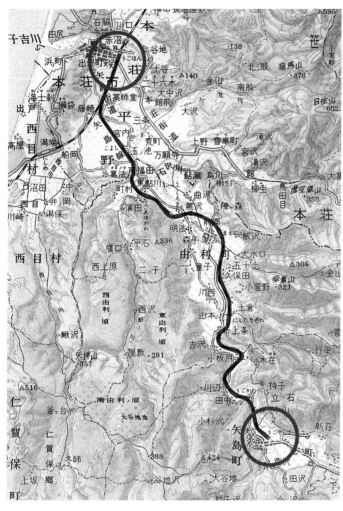

矢島線（1960年）

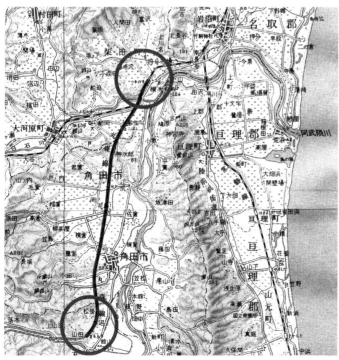

丸森線（1969年）

会津線（1960年）

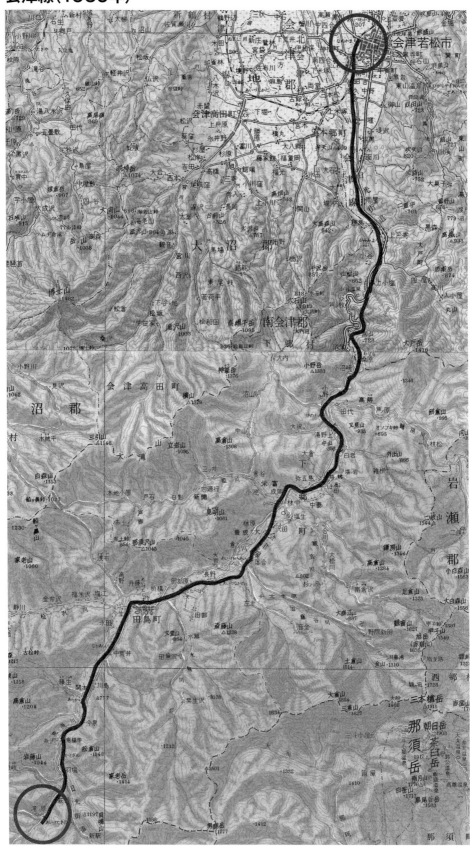

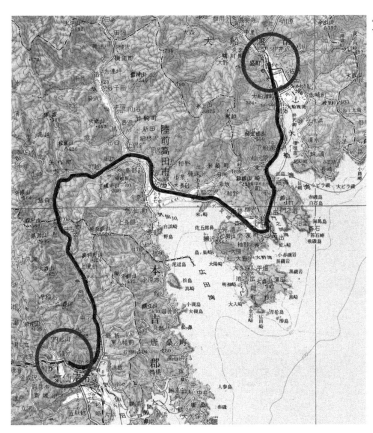

大船渡線（1960年）

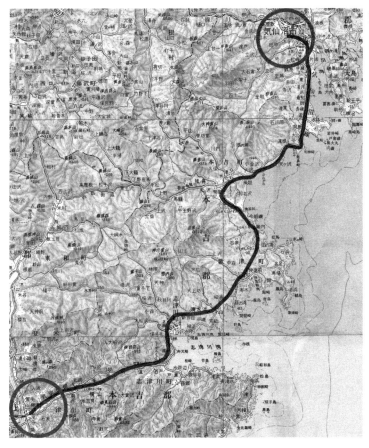

気仙沼線（1982年）

まえがき

　本書は東北地方の廃線となった国鉄線および第三セクター化された線の国鉄時代の記録である。東北地方の特徴として「鉄道への絶対的な信頼感」がある。1891（明治24）年、東海道本線開通に遅れることわずか2年で青森まで開通し、後進地域とされていた東北地方の開発が鉄道により進んだこと、鉄道は冬季でも雪の影響を受けにくいことが理由で、瀬戸内海の船による海上交通が盛んであった西日本との大きな違いであろう。1987（昭和62）年の国鉄分割民営化、JR発足にあたり、東北地方全域が首都圏、北関東、甲信越をあわせた巨大な「東日本会社」に含まれることになり、東北全域が首都圏と同じ会社になることで「これで東北のローカル線は今後も維持される」と東北各地から安堵の声があがった。

　もう一つの特徴は、1980（昭和55）年に施行された国鉄再建法により「特定地方交通線」に指定された廃止予定線を未開通部分とあわせて第三セクター化し、すでに開通した部分とあわせて全線を開通させる手法である。その動きは「三陸縦貫鉄道」を三陸鉄道（北リアス線、南リアス線）として全線開通させることで実現した。これは未開通部分の路盤が鉄道建設公団によりすでに完成していたことが大きいが、それが国鉄分割民営化への動きが本格化する前の1984（昭和59）年4月に実現したことは今から振り返ると極めて速く驚異的ですらある。これは「三陸に鉄道を」という地元の強い願いが岩手県はじめ地元自治体を動かしたことは言うまでもない。この手法は「鷹角線」を第三セクター化して全線開通した秋田内陸縦貫鉄道、「丸森線」を第三セクター化して全線開通した阿武隈急行、「野岩線」を第三セクター化して開通した野岩鉄道、それと結んで第三セクターとなった会津鉄道でもとられた。

　2011（平成23）年3月11日の東日本大震災が東北太平洋側の鉄道に大きな被害をもたらしたことは周知のとおりであるが、その復旧にあたり、山田線（宮古〜釜石間）は鉄道として復旧し三陸鉄道に転換された。これはすでに三陸鉄道が南北に開通していたこと、同じ岩手県内であるため統一した施策がとれたことが理由だろう。一方、大船渡線（気仙沼〜盛間）および気仙沼線（柳津〜気仙沼間）はBRT（バス高速輸送システム）として復旧した。これは大船渡線、気仙沼線は被害が極めて大きく、鉄道としての復旧は巨額の費用がかかること、大船渡線は宮城、岩手両県にまたがり、宮城県としては気仙沼線と異なる対応はできない、が理由であろう。BRTにも市街地の中心を通ること、ルートの変更が柔軟にできることなど利点も多い。総合的にみれば、鉄道、BRTは甲乙つけがたいだろう。

　ほかの第三セクター鉄道（由利高原鉄道、山形鉄道）も沿線人口は減少傾向にあり、地元客だけでなく観光客や「乗ること」を目的とした乗客の誘致が今後の鍵であろう。本書で取り上げた以外の津軽鉄道、弘南鉄道、福島交通、仙台空港鉄道にも魅力が多い。これらの鉄道やBRT、地域の路線バスに乗り、沿線で宿泊し、食事をして土産を買う、これが私たちにできる支援である。

2021年11月　山田　亮

◎久慈線 普代　1978（昭和53）年3月
撮影：山田 亮

1章
カラーフィルムで記録された
国鉄・JRの廃止路線

岩泉で折り返す国鉄色キハ52形2両の岩泉線列車。岩泉線は急勾配のため2基エンジンの強力型キハ52形が投入された。
◎岩泉　1975（昭和50）年7月12日　撮影：荻原二郎

岩泉線

茂市駅を出発した岩泉線はしばらく刈屋川沿いの細長い平地を行く。岩手刈屋に停車中のキハ52形の2両編成。この付近は
製材所が多い。◎岩手刈屋　1981（昭和56）年10月21日　撮影：安田就視

岩手和井内駅に停車中の盛岡色のキハ52形の1両の列車。1942（昭和17）年6月に茂市から岩手和井内まで開通したが、戦時中の開通のため駅舎は簡素である。ホームに八重桜が咲いているが、山間部で5月の開花である。
◎岩手和井内　2002（平成14）年5月3日　撮影：安田就視

押角トンネル（2987m）を出るキハ52形。岩泉線は山深く秘境の鉄道であった。
◎岩手大川～押角　1981（昭和56）年10月21日　撮影：安田就視

浅内から岩泉までは1972（昭和47）年2月に延伸され、同時に小本線は岩泉線に改称された。延伸区間は小本川に沿っている。
◎浅内〜二升石　1983（昭和58）年7月15日　撮影：木岐由岐（RGG）

朝日を浴びて岩泉駅に到着する岩泉線の朝の下り一番列車。キハ52形の3両編成。ホームでは多くの乗客が待っていて、このまま上り一番列車として折り返す。当時の岩泉線は1日5往復（他に岩手和井内〜茂市間上り1本）。駅舎には岩泉線廃止反対の看板が掲げられている。◎岩泉　1981（昭和56）年10月21日　撮影：安田就視

にっちゅうせん

日中線

桜が満開の日中線会津村松駅に停車中のDE10形牽引の熱塩行列車。
◎会津村松　1982（昭和57）年4月26日　撮影：安田就視

日中線は会津盆地の北端を飯豊山地を目指して北上した。当線は1974（昭和49）年からDE10形ディーゼル機関車牽引となり、1984（昭和59）年の廃止まで客車2両を牽引し1日に3往復であった。貨車を連結した混合列車のこともあった。
◎上三宮〜会津加納　1981（昭和56）年9月18　撮影：安田就視

会津加納駅を発車して熱塩駅に向かう下り列車。混合列車で客車の後ろに貨車2両を牽引。1983（昭和58）年まで会津加納
で貨物営業を行っていた。◎会津加納　1973（昭和48）年8月4日　撮影：安田就視

C11 80（会津若松運転区）が牽引する日中線列車。1974（昭和49）年10月まで日中線は会津線、只見線とともにC11形が列車を牽引し、本州最後のSLとして多くのSLファンが集まった。このC11 80は津山機関区（岡山鉄道管理局）からの転属車。SL時代末期には機関車を全般検査期限一杯まで使用するため広域移動が行われた。
◎熱塩　1973（昭和48）年8月3日　撮影：安田就視

雪の熱塩駅を発車するDE10形牽引の列車。廃止まで約1ヶ月となった頃。
◎熱塩　1984（昭和59）年2月28日　撮影：荒川好夫（RGG）

熱塩駅で機関車を付け替えて折り返すDE10形牽引の日中線客車列車。熱塩駅には機回し線があった。日中線は1956（昭和31）年には5往復あったが、1958（昭和33）年から1984（昭和59）年の廃止まで3往復のままであった。
◎熱塩　1981（昭和56）年9月17日　撮影：安田就視

2章

カラーフィルムで記録された 国鉄・JRの第三セクター、 BRT継承路線

宮古線の終点田老駅で折り返す単行（1両）のキハ52形。2基エンジンの強力型気動車キハ52形は盛岡客貨車区に集中配置され、急勾配のある花輪線、田沢湖線、山田線、岩泉線で運行され、宮古線にも投入された。
◎田老　1981（昭和56）年6月19日　撮影：安田就視

大畑線

春浅い4月の下北半島。大湊線と大畑線の分岐点付近を走る大畑線の列車。キハユニ26形とキハ22形の2両編成。背後は
下北半島で標高が一番高い釜臥山（かまふせやま、標高878m）。
◎下北〜海老川　1973（昭和48）年4月9日　撮影：安田就視

ホーム１面だけの無人駅海老川。ここはむつ市内で人家が多い。
◎海老川　1985（昭和60）年６月29日　撮影・高木英二（RGG）

下北交通転換後も国鉄から譲り受けたキハ22形がキハ85形として走り続けた。
◎下北交通　田名部〜樺山　1992（平成４）年11月３日　撮影：荒川好夫（RGG）

下北半島北部は荒涼とした風景が広がる。早掛沼に沿って走る大畑線キハ22形。この付近には早掛沼公園があり、桜の名所でありキャンプ場がある。◎田名部〜樺山　1979（昭和54）年10月27日　撮影：安田就視

1985（昭和60）年7月1日の下北交通への転換を控えた国鉄時代の大畑線大畑駅。キハ22形は首都圏色になり、構内には下北交通大畑線の車庫が完成している。◎大畑　1985（昭和60）年6月29日　撮影・高木英二（RGG）

黒石線

8620形蒸気機関車58666（弘前運転区）が逆向きで牽引する黒石線の貨物列車。黒石線は米、リンゴなど農産物などの貨物輸送があった。後方に川部で分岐した奥羽本線の架線柱が見える。
◎川部～前田屋敷　1972（昭和47）年8月17日　撮影：安田就視

3月下旬ともなれば積雪もかなり少なくなっている。うっすらと岩木山が見える津軽平野を行くキハ22形の1両。付近は水田だが雪に覆われている。◎川部～前田屋敷　1982（昭和57）年3月20日　撮影：安田就視

黒石線が弘南鉄道転換されるに際し、黒石線と弘南鉄道を結ぶ連絡線が建設され、転換後は弘南黒石駅から発着した。
◎前田屋敷〜黒石　1984（昭和59）年10月31日　撮影：高木英二（RGG）

黒石駅に到着する黒石線のキハ40形。国鉄黒石駅と弘南黒石駅は隣接していたが、線路はつながっていなかった。国鉄黒石線最後の日の撮影。◎前田屋敷〜黒石　1984（昭和59）年10月31日　撮影：高木英二（RGG）

米どころ津軽平野も冬は白一色の雪原となる。雪晴れの雪原を走る朱色（朱色5号塗装）のキハ40形と国鉄色のキハ22形。
◎黒石〜前田屋敷　1979（昭和54）年12月11日　撮影：安田就視

弘南鉄道黒石線への転換初日の記念列車。背後に岩木山がそびえる。国鉄から譲り受けたキハ22形が弘南鉄道塗色となって運行された。
◎弘南鉄道　川部〜前田屋敷
1984（昭和59）年11月1日
撮影：高木英二（RGG）

雪の黒石駅に到着した黒石線のキハ22形。貨物輸送があり構内には貨車が停まっている。黒石から弘前市内へ通学する多くの高校生は弘南鉄道ではなく通学定期の安い国鉄黒石線を利用し、川部で乗り換えて弘前へ向かった。
◎黒石線　黒石　1974（昭和49）年2月12日　撮影：安田就視

くじせん

久慈線

久慈線開通前の八戸線久慈駅構内。キハ
22形先頭の3両編成が到着。駅舎は改築
前である。
◎八戸線久慈
1973（昭和48）年10月16日
撮影：安田就視

三陸鉄道転換前の国鉄久慈線を走るキハ
58形とキハ40形の2両編成。久慈線、宮
古線、盛線はカーブが少なくトンネルの
多い「鉄道公団新線」で橋梁もコンクリー
ト造りである。三陸鉄道として開通した
新線区間も同様である。
◎堀内〜普代
1983（昭和58）年12月5日
撮影：荒川好夫（RGG）

安家川橋梁を渡る久慈線の列車。キハ40形の3両編成。国道45号が並行している。左側の海岸線は景勝地北山崎に続いている。◎堀内〜野田玉川　1982（昭和57）年5月4日　撮影：安田就視

久慈線の終点普代駅で折り返すキハ40形の列車。久慈線は国鉄線としての寿命は8年9カ月と短かった。◎普代　1983（昭和58）年7月16日　撮影：荒川好夫（RGG）

宮古線

宮古駅１番線（改札口と反対側）で待機する宮古線のキハ52形。写真左は宮古機関区。SL時代はC58が多数配置されていたが、1970（昭和45）年にディーゼル機関車となりDE10形がやってきたが他区の車両で配置はされなかった。
◎宮古　1981（昭和56）年６月19日　撮影：安田就視

1984（昭和59）年４月１日、三陸鉄道転換の初日、宮古駅での北リアス線開業出発式。国鉄特定地方交通線の第三セクター移管第一号で全国的に注目された。三陸鉄道の車両は「さんりく」を意味する「36」で始まる形式番号を持つ。写真の車両は36-200形。◎三陸鉄道　宮古　1984（昭和59）年４月１日　撮影：高木英二（RGG）

宮古線を行くキハ52形。このあたりは海岸から離れ山間部を行く。写真中央に国道177号が横切っている。
◎田老〜佐羽根　1982（昭和57）年 5 月 5 日　撮影：安田就視

山田線

山田湾に沿って走る山田線のキハ52形。背後に織笠漁港が見える。この付近は東日本大震災で津波による甚大な被害がでた。震災前の貴重な記録である。◎織笠〜岩手船越　1973（昭和48）年4月11日　撮影：安田就視

船越湾に沿って走るキハ58の列車。仙台
〜宮古間（釜石線経由）の気動車急行「陸
中」であろう。
◎岩手船越〜浪板
1973（昭和48）年4月11日
撮影：安田就視

閉伊川に架かる鉄橋を渡る山田線の列車。キハ58主体の5両編成で、2両目はキハ52形である。
◎磯鶏〜宮古　1984（昭和59）年10月
撮影：安田就視

盛線

佐野トンネルを出て陸前赤崎駅に近づくキハ26形400番代（旧キロ25形）先頭の列車。
◎盛〜陸前赤崎　1981（昭和56）年6月18日　撮影：安田就視

綾里駅に近い山里を行く盛線の列車。キハ22形-キハ58形-キハ26形400番代（旧キロ25形）の3両編成で中間にキハ58形が
入っている。東日本大震災でも津波はこの付近までは到達しなかった。
◎陸前赤崎〜綾里　1982（昭和57）年5月26日　撮影：安田就視

陸前赤崎駅の盛方の築堤を行く列車。山の向こうに太平洋セメント大船渡工場の煙突が見える。
◎陸前赤崎〜盛　1983（昭和58）年12月6日　撮影：荒川好夫（RGG）

盛線の終着駅吉浜。ホームは1面1線で待合室だけの無人駅だった。現在も同じ構造だが、大船渡市の市民活動支援センター
「きっぴんセンター」を併設している。◎吉浜　1973（昭和48）年10月17日　撮影：安田就視

阿仁合線

針葉樹林の間を走るキハ40形の4両編成の列車。1978（昭和53）年頃から阿仁合線にキハ40形が投入された。
◎大野台〜合川　1980（昭和55）年7月9日　撮影：安田就視

阿仁川の支流、小又川に架かるカーブした鉄橋を渡る阿仁合線列車。キハ40形を両端にしてキハ22形をはさんだ4両編成。
◎阿仁前田〜前田南　1983（昭和58）年12月3日　撮影：荒川好夫（RGG）

C11 243（大館機関区）牽引の阿仁合線貨物列車。木材輸送の無蓋車を連結しているが、貨物満載の上り列車である。阿仁合線の貨物牽引SL（C11）廃止は1974（昭和49）年3月、貨物営業の廃止は1982年（昭和57）のことである。
◎阿仁合～小渕　1972（昭和47）年8月18日　撮影：山田就視

　3月中旬でもかなり雪の残る阿仁合線を行くキロ40形-キロ20形-キロ22形の3両編成の気動車列車。
◎笑内～萱草
1982（昭和57）年3月18日
撮影：安田就視

秋田内陸縦貫鉄道移管時の記念
列車。開業からしばらくは国鉄
からキハ22形を借り入れて運
行されたため弘前運転区所属で
あった。
◎秋田内陸縦貫鉄道　鷹巣
1986（昭和61）年11月1日
撮影：荒川好夫（RGG）

大又川鉄橋を渡る阿仁合線の列車。キハ22形-キハ20形-キハ40形の3両編成。この鉄橋は国道と並行し、鉄道撮影の名所として知られている。◎萱草〜笑内　1982（昭和57）年3月18日　撮影：安田就視

角館線

角館駅に到着した角館線のキハ40形。光線状態から朝の撮影と思われ、一番列車が松葉駅を往復して角館駅に戻ってきたところ。駅構内には架線が張られている。田沢湖線の電化は1982（昭和57）年11月15日の全国ダイヤ改正時である。
◎角館　1981（昭和56）年6月20日　撮影：安田就視

国鉄角館線の最終日。角館駅における国鉄として最終列車の出発式。
◎角館　1986（昭和61）年10月31日　撮影：松本正敏（RGG）

3月とはいえ冬が続く角館線を行くキハ52形の列車。角館線は1970（昭和45）年11月の開通後、国鉄時代は1日3往復のままであった。右側の山の向こうは田沢湖である。◎松葉〜羽後長戸呂　1982（昭和57）年3月17日　撮影：安田就視

桧木内川にかかるコンクリート橋を渡るキハ52形。八津駅付近にはカタクリの群生地がある。
◎西明寺〜八津　1981（昭和56）年6月19日　撮影：安田就視

田園地帯の遠くの山々を望みながら走る
気動車列車。
◎角館〜羽後太田
1984（昭和59）年8月2日
撮影：荒川好夫（RGG）

秋田内陸縦貫鉄道に転換された初日の秋田内陸南線祝賀列車。国鉄キハ22を9両譲り受け、北線（阿仁合線）で7両、南線で
2両が使用された。国鉄からの貸出車のため北線の7両は弘前運転区、南線の2両は南秋田運転所所属である。
◎秋田内陸縦貫鉄道　西明寺〜羽後太田　1986（昭和61）年11月1日　撮影：松本正敏（RGG）

矢島線

鳥海山などを源流とする渓流が注ぐ子吉川に沿って走るキハ40の列車。矢島線は全線にわたって子吉川流域の平地を走る。
沿線は「日本の原風景」のような景色が広がり、現在の由利高原鉄道ではそれがセールスポイントになっている。
◎西滝沢～羽後川辺　1982（昭和57）年4月29日　撮影：安田就視

のんびりと走るC11形牽引の矢島線上り貨物列車。写真手前は子吉川で、この先で子吉川橋梁にさしかかる。矢島線の貨物牽引SL（C11形）は1972（昭和47）年10月に廃止された。由利高原鉄道転換後の1989（平成元）年10月に写真左方に吉沢駅が開設された。◎羽後川辺〜西滝沢　1972（昭和47）年8月19日　撮影：安田就視

キハ48形を先頭にした矢島線のお別れ列車。明日からは新造の気動車ＹＲ-1000形が走ることになる。
◎前郷～西滝沢　1985（昭和60）年9月30日　撮影：高木英二（RGG）

羽後矢島駅で折り返す矢島線の列車。キ
ハ40形で荷物の積み下ろしが行われてい
る。キハユニ26（郵便荷物と普通車の合
造車）が配置されていない路線では、キハ
の一部を仕切って荷物輸送が行われた。
羽後矢島の構内は貨物輸送のため広い。
◎羽後矢島　1981（昭和56）年6月21日
撮影：安田就視

前郷駅は国鉄矢島線の前身である横荘鉄道時代の終着駅であった。由利高原鉄道へ転換と同時に西滝沢〜前郷間に久保田駅
が開設された。◎西滝沢〜前郷　1985（昭和60）年9月27日　撮影：高木英二（RGG）

長井線

9600形蒸気機関車79607（米沢機関区）が牽引する長井線の貨物列車。長井線の貨物用SL（9600形）は1972（昭和47）年9月に廃止された。◎西大塚〜今泉　1971（昭和46）年12月　撮影：安田就視

最上川への築堤を上る長井線列車。先頭は国鉄色キハ55形で2両目と3両目はキハ40形。背後の山々は朝日連峰。
◎荒砥〜鮎貝　1979（昭和54）年10月20日　撮影：安田就視

最上川橋梁を渡る長井線の列車。朱色（首都圏色）キハ22形-キハ55形-キハ22形の３両編成。写真後方（右側）が荒砥方。この最上川橋梁は英国製のダブルワーレントラス橋で1887（明治20）年、東海道本線開通に先立ち木曽川に架設された。1921（大正10）〜1923年に長井線に移設された国内最古の鉄道橋で、2009（平成21）年に近代化産業遺産に指定された。
◎荒砥〜鮎貝　1980（昭和55）年６月14日　撮影：安田就視

荒砥駅で折り返す国鉄色キハ22形を先頭にした長井線列車。2両目は車体幅が狭く貧弱なキハ17形。長井線を受け持つ山形機関区には寒冷地用のキハ22形が配置され、全国でも最南端のキハ22形だった。
◎荒砥　1973（昭和48）年8月4日
撮影：安田就視

キハ58形が使用された国鉄長井線のお別れ列車。1988（昭和63）年10月25日に山形鉄道に転換されフラワー長井線の愛称がついた。◎今泉　1988（昭和63）年10月24日　撮影：松本正敏（RGG）

丸森線

国鉄丸森線最終日のお別れ列車。右側は地味な存在であった少数派の国鉄417系電車が停車している。
◎槻木　1986（昭和61）年6月30日　撮影：高木英二（RGG）

市街地から離れた丸森線の終端駅丸森駅。写真の後方は福島方で阿武隈川に沿って鉄道建設公団による建設が進められた。
◎丸森　1981（昭和56）年7月24日　撮影：安田就視

阿武隈急行へ転換初日の列車。1988（昭和63）年7月の全線開通、全線電化までは国鉄からキハ22を5両借り入れ、塗色を変えて運行された。阿武隈急行転換時はそれまでの6往復から12往復になり、仙台直通列車も2往復運転された。
◎阿武隈急行　北丸森〜丸森　1986（昭和61）年7月1日　撮影：高木英二（RGG）

キハ23形500番代の丸森線列車。丸森線は1968（昭和43）年4月の開通以来ずっと5往復だったが、1984年（昭和59）年5月から6往復に増えた。
◎丸森　1973（昭和48）年9月30日
撮影：安田就視

角田駅を発車して丸森駅に向かうキハ58先頭の丸森線の列車。写真後方に角田駅のホームが見える。ホームは1面1線だけだったが、列車交換ができる用地が確保されていた。現在は交換可能である。背後は角田市の市街地だが国鉄時代は本数が少なく利用者は少なかった。ただ、仙台方面へ通学する生徒たちは通学定期が安いので国鉄線を利用した。
◎丸森～角田　1981（昭和56）年7月24日　撮影：安田就視

会津線

C11 204（会津若松運転区）牽引の会津線貨物列車。会津線貨物列車のSL（C11）は1974（昭和49）年10月にディーゼル化され DE10形牽引となった。◎門田〜上三寄　1974（昭和49）年8月2日　撮影：安田就視

阿賀川に架かる撮影名所第５大川橋梁を渡るキハ55形-キハ55形-キハユニ26形の３両編成。峡谷の風景が眺められる。
◎湯野上〜弥五島　1981（昭和56）年９月18日　撮影：安田就視

阿賀川沿いの断崖にへばりつくように建設された鉄橋を行くＣ11形牽引の貨物列車。会津線のSLでの運転廃止直前の光景である。◎弥五島〜楢原　1974（昭和49）年10月28日　撮影：荒川好夫（RGG）

楢原〜会津落合間の阿賀川にかかる橋梁を渡るC11形牽引の上り貨物列車。会津鉄道転換時に楢原は会津下郷駅に、会津落合は養鱒公園駅に駅名が改称された。◎楢原〜会津落合　1972（昭和47）年8月5日　撮影：荒川好夫（RGG）

奥会津を行くキハ28形（キハ58形の1基エンジンタイプ）先頭の会津線列車。1980（昭和55）年時点では会津田島〜会津滝ノ原間は1日4往復だった。このあたりは山々の間に阿賀川に沿って細長い平地が続く。
◎中荒井〜会津田島　1980（昭和55）年6月1日　撮影：安田就視

キハ17形-キハ40形-キハ52形-キハ53形
の百鬼夜行（ひゃっきやぎょう）編成の会
津線列車。背後にはいかにも奥会津らし
い民家が見える。現在はこの山里を東武
500系「リバティ」や6050型が走る。
◎中荒井～荒海
1980（昭和55）年6月1日
撮影：安田就視

尾瀬方面（右側）の国道352号と宇都宮、
鬼怒川方面（左側）の国道121号の分岐点
付近にあるコンクリートアーチ橋を渡る
会津線キハ20形-キハ55形-キハ28形の3
両編成。電化後はこの橋にも架線柱が立
ち架線が張られた。野岩鉄道開通前、会
津田島～鬼怒川温泉間を会津バス（会津
乗合自動車）が1時間50分で結んでいた。
◎会津滝ノ原～糸沢
1980（昭和55）6月1日
撮影：安田就視

1986（昭和61）年10月9日に野岩鉄道会津鬼怒川線が開業し、同時に会津滝ノ原は会津高原に改称され国鉄会津線と接続した。会津高原での会津線キハ58形と東武鉄道・野岩鉄道6050型の接続風景。浅草から会津高原まで快速が運転され、下今市〜新藤原〜会津高原間は各駅に停車した。◎会津高原　1986（昭和61）年10月20日　撮影：荒川好夫（RGG）

大船渡線

国鉄時代の気動車の置き換えを目的に16m級のキハ100形が1991（平成3）年に大船渡線に投入された。
◎鹿折唐桑～上鹿折
1992（平成4）年4月30日
撮影：安田就視

山間部を行くキハユニ26形-キハ28形-キハ28形の大船渡線列車。キハユニ26形は大船渡線では原則下り方（盛方）に連結された。気仙沼駅を発車した大船渡線列車は内陸部へ入り、上鹿折～陸前矢作間で宮城・岩手県境を越える。この駅間は約10kmあり大船渡線で最長である。また、この区間は山間部で東日本大震災の津波もここまで及ばなかった。
◎上鹿折～陸前矢作
1984（昭和59）年7月31日
撮影：森嶋孝司（RGG）

朝日を浴びて走る大船渡線の列車。先頭はキハ22形で後ろから2両目キハユニ26形。小友駅付近は広田半島の付け根を横断するため海から離れ平地が広がっていたが、東日本大震災で門之浜湾、広田湾からの津波に襲われ一帯は浸水し大きな被害だった。現在はこの付近はBRT専用道路になっている。◎脇ノ沢〜小友　1979（昭和54）年12月17日　撮影：安田就視

奥深い湾である大船渡湾を見下ろして走る大船渡線の列車。キハ22形-キハ22形-キハ25形-キハユニ26形の4両編成。寒地用キハ22形は大船渡線でも運行された。背後に大船渡魚市場と大船渡の市街地、対岸に太平洋セメント大船渡工場が見える。東日本大震災前の大船渡を記録した貴重な写真である。◎大船渡～下船渡　1980（昭和55）年7月23日　撮影：安田就視

けせんぬません

気仙沼線

柳津を出発して1977（昭和52）年に開通した新線区間はトンネルが連続し、築堤や高架が多く用いられる近代的な設計である。◎柳津～陸前横山　1980（昭和55）年7月24日　撮影：安田就視

気仙沼線の新規開業、柳津〜本吉間は鉄道建設公団が建設した区間のため直線が多い。2003（平成15）年には仙台〜気仙沼間で「こがね気仙沼」号が運転された。◎陸前横山〜柳津　1986（昭和61）年6月13日　撮影：高木英二（RGG）

1977（昭和52）年に開通した新線区間を
行く気仙沼線の列車。キハ48形-キハ45
形-キハ40形の3両編成。この築堤が大
震災の津波で直撃された。現在、この付
近はBRT専用道路になっている。
◎陸前小泉～蔵内
1984（昭和59）年10月2日
撮影：安田就視

気仙沼線沿線の中心である志津川付近を行くキハ58系の列車。気仙沼線は志津川付近では市街地を迂回していた。志津川は東日本震災で大きな被害を受け、BRT化による復旧にあたりBRTの駅は市街地の中心部に移転した。
◎陸前戸倉〜志津川
1995（平成7）年8月26日
撮影：荒川好夫（RGG）

コンクリート橋である津谷川橋梁を行く気仙沼線の
列車。キハ28形-キハ23形-キハ58形-キハ40形-キ
ハ48形の５両編成がこの先で津谷川を渡る。
◎本吉〜陸前小泉　1984（昭和59）年10月２日
撮影：安田就視

海沿いの小金沢〜大谷間を行く「バス窓」のキハ20形を先頭にした気仙沼線の列車。この区間は1957（昭和32）年の開通で地形に忠実に沿って建設され、線形はよくないが車窓の眺めはよい。この海岸は海水浴場であり、東日本大震災前の貴重な記録である。◎小金沢〜大谷　1980（昭和55）年7月24日　撮影：安田就視

大谷海岸に沿って走るキハ40形、キハ48形の3両編成。緑の濃淡とクリーム色の塗装はJR化後の東北地域色で、南東北で見られた。海岸沿いのこの光景も現在では見られない。◎大谷〜小金沢　1995（平成7）年8月26日　撮影：荒川好夫（RGG）

BRT化された大船渡線・気仙沼線

三陸鉄道車両基地横のBRT（バス高速輸送システム）専用
道を走る盛行の大船渡線BRT。後方にすれ違いのための
交換スペースが見える。写真左側には三陸鉄道のレトロ
気動車36-R形（紫色の36-R 3）と36-700形が見える。
◎盛〜田茂山　2017（平成29）年1月　撮影：山田 亮

2013（平成25）年3月に運転を開始した大船渡線
盛〜気仙沼間のBRT。盛駅の大船渡線ホームをそ
のままバス乗り場に転用した。三陸鉄道南リアス
線への案内表示があり、同じホームで乗り換えがで
きる。跨線橋もあるが、駅本屋から専用道を横切り
BRTに乗ることができる。
◎大船渡　2017（平成29）年1月　撮影：山田 亮

気仙沼市内のBRT専用道路を行く
BRT同士のすれ違い。専用道路は気
仙沼線の単線線路敷を道路に転用し
たため一車線分の道路幅で随所にす
れ違いのための交換スペースがある。
◎2017（平成29）年1月
撮影：山田 亮

3章
モノクロフィルムで記録された
国鉄・JRの廃止路線

廃止2年前の日中線の列車。熱塩駅は無人駅で車掌が車内補充券を発売した。1970～80年代に客車列車だけが運転されて
いた線は日中線と室木線（福岡県）、清水港線（静岡県、1日1往復）だけだった。
◎熱塩　1982（昭和57）年5月　撮影：山田 亮

岩泉線

路線DATA

起点：茂市

終点：岩泉

全通：1972（昭和47）年2月6日

廃止：2014（平成26）年4月1日

路線距離：38.4km

　岩泉線は小本線として戦時中の1942（昭和17）年6月25日に茂市〜岩手和井内間が開通した。当初は三陸海岸の小本（現・三陸鉄道 岩泉小本）が目的地で小本線と称した。小本川上流で産出する耐火粘土の輸送目的だった。耐火粘土は製鉄所で用いられる耐火レンガの燃料で戦争の遂行に必要で釜石製鉄所へ送られた。さらに岩手和井内〜押角間が1944（昭和19）年7月20日に開通したがこの区間は貨物輸送だけだった。さらに分水嶺の押角峠に押角トンネル（2,987m）を掘る工事が戦時中でも続けられ、戦後の1947（昭和22）年11月25日、押角トンネルを通りトンネル北口の宇津野（後に廃止）まで開通し、宇津野まで旅客営業を開始した。宇津野〜浅内間は1957（昭和32）年5月16日に開通し、同時に宇津野

は廃止された。ここで建設は止まったが、地元の強力な運動で龍泉洞に近い岩泉まで延長されることになり、1972（昭和47）年2月6日に浅内〜岩泉間が開通し、同時に岩泉線と改称された。なお、1963（昭和38）年2月から旅客列車はすべて気動車化され、2エンジンの強力型キハ52形が投入されている。

　地元では岩泉に近い龍泉洞を観光地としてPRし、観光客の利用もあったが、沿線は山深く人家はほとんどない過疎地帯である。国鉄再建法による「第二次特定地方交通線」として廃止対象になったが、並行する道路が未整備でバス運行が困難を理由に廃止にならなかった。JRになってからも利用者の減少は続いたが、90年代に入ったあたりから「秘境の鉄道」としてにわかに注目されるようになった。

　2010（平成22）年7月31日7時35分頃、押角〜岩手大川間でキハ110形1両の茂市発岩泉行列車が土砂崩れに突っ込んで脱線し、運転士と乗客3名が軽傷を負った。それ以降岩泉線は不通になり、8月2日から振替輸送のバスが運行された。岩泉線は復旧されることなく、JR東日本は2013（平成25）年3月に廃止の意向を表明し、2014年4月1日付で廃止された。廃止後は茂市〜岩泉病院間に代替バスが東日本交通で4往復運行されている。

茂市の木造駅舎。2018（平成30）年に無人化され、駅舎も2021（令和3）年2月に小駅舎に建て替えられた。
◎茂市　1975（昭和50）年7月12日　撮影：荻原二郎

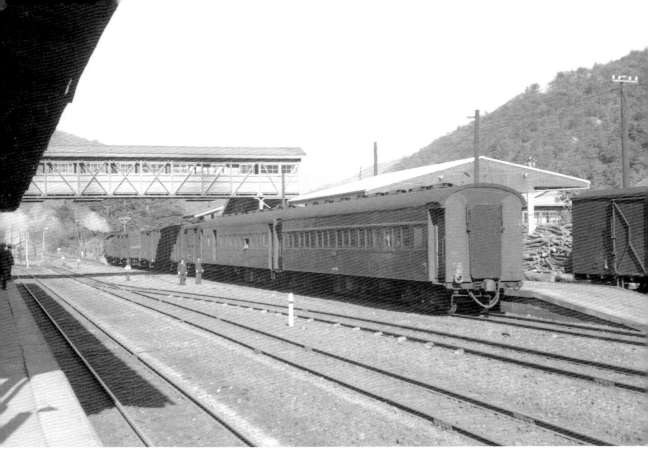

茂市駅を発車するＣ58牽引の小本線浅内行混合列車。1963（昭和38）年２月から小本線（その後の岩泉線）の旅客列車は気動車化された。◎茂市　1962（昭和37）年10月７日　撮影：荻原二郎

スイッチバックの押角駅でのＣ58形牽引列車同士の交換風景。押角は急勾配上のため1972（昭和47）年までスイッチバック駅だった。◎押角　1962（昭和37）年10月７日　撮影：荻原二郎

C58形181（宮古機関区）が牽引する上り混合列車。岩手大川駅は1957（昭和32）5月16日、浅内延長時に開設。上り列車はここから30‰勾配で押角峠へ向かう。1960年（昭和35）年時点では小本線（当時）の旅客列車5往復（うち1往復は茂市〜岩手和井内間）で貨車を連結した混合列車だった。茂市〜浅内間31.2kmが1時間30分で表定速度は約20km/hに過ぎない。急勾配のすさまじさがわかる。◎岩手大川　1960（昭和35）年8月31日　撮影：宮地 元（RGG）

1972年まで岩泉線（当時は小本線）の終点だった浅内駅。1957（昭和32）年5月、浅内まで開通時に開業し戦後の新線らしく
コンクリート造りの簡素な建築。駅前から岩泉、龍泉洞方面への国鉄バスが連絡していた。
◎浅内　1962（昭和37）年10月7日　撮影：荻原二郎

浅内駅で発車を待つC58 340（宮古機関区）が牽引する混合列車。1962（昭和37）年当時の小本線（その後の岩泉線）は5往
復のうち4往復がC58形蒸気機関車牽引の混合列車だった。押角～岩手大川間に30‰勾配がありSL牽引列車は勾配にあえ
いだ。C58形は急勾配に備えて集煙装置付きである。◎浅内　1962（昭和37）年10月7日　撮影：荻原二郎

岩泉駅は70年代らしい近代的駅舎
で観光センターを併設していた。
◎岩泉
1975（昭和50）年７月12日
撮影：荻原二郎

小本線（その後の岩泉線）の
客車の側面行先表示板。客
車は鋼体化オハ60形である。
◎岩泉
1962（昭和37）年10月７日
撮影：荻原二郎

岩泉駅で折り返す岩泉線のキハ52形の２両編成。ホーム１面１線
だけであるが、三陸沿岸の小本方面への延長に備えて構内が広い。
◎岩泉　撮影日不詳　撮影：山田虎雄

川俣線

路線DATA

起点：松川

終点：岩代川俣

全通：1926（大正15）年3月1日

廃止：1972（昭和47）年5月14日

路線距離：12.2km

川俣線は東北本線松川と岩代川俣を結ぶ12.2kmのいわゆる盲腸線だった。終点の川俣は江戸時代から絹織物など繊維産業が盛んで「絹の里」といわれた。大正時代末期の1926（大正15）年3月1日に開通したが、戦時中の1943（昭和18）年9月1日、「不要不急路線」として休止されレールが撤去され他に転用された。敗戦翌年の1946（昭和21）年4月20日に岩代飯野まで、同年7月1日には岩代川俣まで復活した。1950〜60年代は1日6往復運転され、C12形蒸気機関車が客車を1〜2両牽引し、貨車を連結し

た混合列車も運転された。1960年代前半にはC12形が特急に使用されていたスハニ35形（荷物車と2等の合造車）を1両だけ牽いたこともあり、ファンの間で話題になった。

1966（昭和41）年10月からそれまでのC12形牽引列車に代わり、気動車が投入されキハ52形とキハ22形の2両編成となったが1日6往復は変わらず、うち1往復は気動車が貨車を2両牽引した。

閑散線であることは変わらず、1968（昭和43）年には国鉄諮問委員会により廃止を勧告された「赤字83線」にリストアップされ、鉄道を廃止して自動車輸送にゆだねたほうが適当とされた。沿線の過疎化が進み、道路の整備で福島へはバスの方が便利になり、織物の輸送もトラックに移り、1972（昭和47）年5月14日付で廃止された。廃止後は国鉄バスが松川〜川俣間に運行され、福島〜川俣間にも国鉄バス、福島交通バスが運行されていたが、現在では福島〜川俣間に福島市と川俣町が共同で自治体バスを運行している。

阿武隈川に架かる上路トラス橋を渡るC12形がオハユニ61形1両を牽引する川俣線列車。この鉄橋は撮影名所で廃止後も1997（平成9）年まで残っていた。◎松川〜岩代飯野　1966（昭和41）年頃　撮影：玉木正之（RGG）

はくほうせん

白棚線

路線DATA

起点：白河

終点：磐城棚倉

全通：1916（大正5）年11月29日

廃止：1944（昭和19）年12月11日

路線距離：23.3km

　白棚線は白棚鉄道として1916（大正5）年11月に開通した。当時、水郡線は開通しておらず、白河と水戸方面の連絡が目的だった。1929（昭和4）年からガソリンカーも導入された。国鉄水郡線は1931（昭和6）年11月に磐城塙～磐城棚倉間が開通して水戸から磐城棚倉までつながり、1934（昭和9）年12月には水郡線が全通した。これにより白棚鉄道は貨物輸送がなくなり経営難におちいり、1938（昭和13）年10月には鉄道省により借り上げられた。「汽車時間表」1940（昭和15）年3月号には白棚線として記載されており、1日8往復運転され、うち6往復は気動車（ガソリンカー）で、所要時間は客車列車が約1時間、気動車が約50分、途中駅は9駅だった。1941（昭和16）年5月には鉄道省に買収され正式に

国鉄白棚線になった。この買収はいわゆる戦時買収ではなく、経営難の地方私鉄の救済が目的だった。

　戦時中の1944（昭和19）年11月には不要不急路線として白棚線が休止、レールが外され他に転用された。戦後になり地元の強い要望で白棚線を復活することになったが、予算不足で工事は進まなかった。1952（昭和27）年に国鉄部内で線路敷を道路にしてバス化するアイデアが浮上し、バス化すれば停留所も運行本数も増え、赤字も少なくなるとして地元を説得し、1957（昭和32）年4月26日、国鉄バス白棚高速線として開業した。高速線としたのは専用道を走るからである。ローカル線バス化のモデルケースで現在のBRTの始祖ともいえるが、他のローカル線には広がらなかった。その後、1964（昭和39）年10月5日に国鉄バス白棚線と改称された。

　1968（昭和43）年頃まで輸送量は増えたが、その後は漸減になった。現在ではJRバス関東が新白河駅を経由し白河駅～磐城棚倉駅間に1日18往復運行され、所要52～53分である。専用道区間は関辺から磐城金山間、表郷庁舎前～三森間で、他の区間は国道289号線経由である。以前はもっと専用道区間が長かった。

国鉄バス白棚線の専用道、磐城金山での交換（すれちがい）風景。専用道は1車線のため、数百メートルごとに行き違いのためのスペースがあった。◎磐城金山　1979（昭和54）年10月17日　撮影：小野純一（RGG）

日中線

路線DATA

起点：喜多方

終点：熱塩

全通：1938（昭和13）8月18日

廃止：1984（昭和59）4月1日

路線距離：11.6km

　日中線はもともとは栃木県下野と福島県岩代（会津）、山形県出羽を結ぶ「野岩羽」鉄道の一環でその建設運動は明治時代からあった。1922（大正11）年の鉄道敷設法別表に「山形県米沢より福島県喜多方に至る鉄道」と記載され、喜多方〜米沢間鉄道の一部として1938（昭和13）年8月に喜多方〜熱塩間が開通したが、終点熱塩は日中温泉（熱塩から約5km）に近いことから日中線とした。熱塩以北は戦時下になったことで着工されず、戦後になってからも着工されなかった。熱塩から米沢まで約35kmでほとんどが山地でその必要性が薄いと判断されたからであろう。

　戦後においても全長11.6kmの盲腸線のままで、1956（昭和31）年11月改正時には5往復だったが、1958（昭和33）年10月改正時から3往復、朝夕だけの運転で「日中走らない日中線」といわれた。C11形蒸気機関車が客車2両を牽引し、1970年代前半のSLブームには多くのSLファンが撮影にやってきた。1968（昭和43）年の国鉄諮問委員会の廃止勧告「赤字83線」にもリストアップされている。

　沿線の会津加納には石膏を産出する鉱山があり、貨物輸送もあったが1972（昭和47）年に閉山した。また終点熱塩に近い熱塩温泉の温泉客もクルマか喜多方からのバス利用で鉄道利用は皆無だった。最後の頃はDE10形ディーゼル機関車が客車2両を牽引し、乗客は喜多方方面へ通学する高校生などわずかな地元客と国鉄全線走破を目指す「チャレンジ20000キロ」の「乗り鉄」だけであった。

　日中線は1981（昭和56）年に国鉄再建法による第一次特定地方交通線に指定され、1984（昭和59）年4月1日付で廃止された。代替バスは元々運行されていた喜多方〜熱塩温泉間の会津バス（会津乗合自動車）が増便された程度である。現在では路線バスは運行されておらず、喜多方〜加納、熱塩間に予約制乗合交通「みんべえ号」が運行されている。（土休日は運休）

会津加納の駅名標。駅の時計は17時10分過ぎを指している。1960（昭和35）年当時、日中線は3往復ですべてC11牽引の混合列車。熱塩発16時55分、会津加納発17時08分、喜多方着17時30分の614列車からの撮影。
◎会津加納　1960（昭和35）年5月2日　撮影：荻原二郎

洋風建築の熱塩駅。この駅舎は日中線廃止後も大事に保存され、現在は日中線記念館になっている。構内ではラッセル車と客車（オハフ61形）が保存されている。◎熱塩　1960（昭和35）年5月2日　撮影：荻原二郎

熱塩駅の駅名標。日中温泉には至らなかった。◎熱塩　1960（昭和35）年5月2日　撮影：荻原二郎

押切川にかかる鉄橋を渡るＣ11形逆行牽引の日中線列車。後方には平行する県道の橋があり、熱塩方面までバスが運行された。晩年の日中線の主な役割は沿線から喜多方、会津若松への高校生輸送で、通学定期代が安いという理由だった。
◎上三宮〜会津村松　1972（昭和47）年8月5日　撮影：荒川好夫（RGG）

4章

モノクロフィルムで記録された国鉄・JRの第三セクター、BRT継承路線

大船渡線の陸前高田駅で交換するキハユニ26形先頭の盛行列車。陸前高田駅は街全体が震災による津波で被災、1933（昭和8）年開設の駅舎も流出した。被災前の陸前高田駅の貴重な記録である。
◎陸前高田　1978（昭和53）年３月　撮影：山田 亮

大畑線

路線DATA

起点：下北

終点：大畑

全通：1939（昭和14）年12月6日

転換：1985（昭和60）年7月1日（下北交通）

廃止：2001（平成13）年4月1日

路線距離：18.0km

　大畑線は大湊線と一体と考える必要がある。大湊線野辺地～大湊間は1921（大正10）年9月25日に全線開通した。大湊に旧海軍の基地が設けられたためである。大畑線は翌1922年の鉄道敷設法別表に「青森県田名部より大畑を経て大間に至る鉄道」として記載され、1937（昭和12）年に着工された。これは下北半島北端の大間崎に津軽海峡の要塞を設けるための資材や兵員の輸送のため「大間鉄道」を建設する必要があったためであった。

　1939（昭和14）年12月6日、「大間鉄道」の第一期工事として大湊線の下北から分岐し大畑までが大畑線として開通した。引き続き第二期工事として大

間まで建設が進められたが、戦時中に工事は中断し、その遺構として二枚橋付近と下風呂温泉付近にコンクリート造りのアーチ橋が残されている。戦後は大湊線、大畑線ともに軍事輸送の機能がなくなり、単なるローカル線となった。大畑線は大湊線とともに1968（昭和43）年の国鉄諮問員会の廃止勧告「赤字83線」にリストアップされ、1981（昭和56）年には国鉄再建法による「第一次特定地方交通線」として廃止予定線となった。（大湊線は特定地方交通線の廃止対象から除外）

　大畑線は地元自治体がバス転換を受け入れたため、地元の下北バスが代替バスを運行する方向になっていたが、同じ県内の南部縦貫鉄道が引き受けの意思を表明したため、下北バスは自社エリアに他社が進出するのは好ましくないとして、大畑線の引き受けを急遽表明し、下北交通と改名したうえで1985（昭和60）年7月1日から下北交通大畑線となって運行を開始した。

　しかし、利用者は年々減少し経営困難になり、2001（平成13）年4月1日付で廃止されたが、同社のバスが並行して走っていたため地元への影響は少なかった。

大畑駅で折り返す大畑線の列車。キハ22形とキハユニ26形の2両編成。東北北部では北海道用の二重窓キハ22形が数多く使用された。ホームの名所案内に下風呂温泉、薬研温泉とある。◎大畑　1961（昭和36）年9月11日　撮影：荻原二郎

大湊線と大畑線の分岐である下北駅。1939（昭和
14）年12月の大畑線開通時に開設。2009（平成
21）年に建て替えられた。
◎下北　1961（昭和36）年9月11日
撮影：荻原二郎

本州最北端の駅、大畑。国鉄には大畑線（青森県）の大
畑（おおはた）駅、肥薩線（熊本県）の大畑（おこば）駅
があり、乗車券の駅名表示は（大）大畑、（肥）大畑と区
別された。
◎大畑　1971（昭和46）年12月1日
撮影：荒川好夫（RGG）

黒石線

路線DATA

起点：川部

終点：黒石

全通：1912（大正元）年8月15日

転換：1984（昭和59）年11月1日（弘南鉄道）

廃止：1998（平成10）年4月1日

路線距離：6.6km

　青森県黒石は江戸時代には弘前藩の支藩黒石藩がおかれた陣屋町で、現在でも米、リンゴの産地で弘前近郊であるが独自の存在感がある。弘南鉄道が弘前と黒石を結んでいることもその証である。

　黒石線は奥羽本線川部と黒石を結ぶ黒崎軽便線（軌間は1067mm）として1912（大正元）年8月15日に開通した。いわゆる盲腸線だがある程度の人口集積があった黒石と奥羽本線を結び、旅客だけでなく米など農産物の輸送も目的だった。

　弘前の近郊私鉄である弘南鉄道は1927（昭和2）年9月7日、弘前〜津軽尾上間が開通した。非電化であったが、敗戦直後の石炭入手難のため1948（昭和23）年7月に電化された。1950（昭和25）7月1日に津軽尾上〜弘南黒石（現・黒石）間が開通して弘南鉄道は全通し、1954年からは地方私鉄としては画期的な30分間隔となり、黒石線にとって脅威になったことはいうまでもない。なお、弘南鉄道は1970（昭和45）年10月に弘前電気鉄道（中央弘前〜大鰐間）を譲り受けたため、弘前〜弘南黒石間は弘南鉄道弘南線となった。

　黒石線は1968（昭和43）年の国鉄諮問員会の廃止勧告「赤字83線」にリストアップされ、1970年代には貨物輸送が減少し、黒石から弘前市内へ通う高校生の利用が中心となった。これは通学定期の安さが理由であるが輸送密度は低く1981（昭和56）年には国鉄再建法による「第一次特定地方交通線」として廃止予定線となった。地元自治体ではバス化ではなく、地元の弘南鉄道に黒石線の引き受けを要請し、1984（昭和59）年11月1日から弘南鉄道黒石線となった。非電化のままであるが、黒石では弘南黒石駅に乗り入れ国鉄時代の13往復が20往復になった。

　ところが、利用者は年々減少し、1998（平成10）年4月1日付で弘南鉄道黒石線は廃止された。第三セクターではない地方私鉄にとって国鉄赤字ローカル線の経営がいかに重荷であるかを物語っている。川部〜黒石を結ぶ代替バスは弘南バスが運行したが、廃止直後の10往復が現在は5往復である。

木造駅舎の川部駅。奥羽本線と五能線、黒石線の分岐駅で、貨物も扱っており駅前に農業倉庫が並んでいた。現在も改装されているが木造駅舎である。写真左側に荷物輸送用のテルハ（荷物や運搬用台車を水平に持ち上げ、横方向に移動する装置）が見える。
◎川部　1965（昭和40）年9月13日　　撮影：荻原二郎

黒石線の唯一の中間駅前田屋敷駅。田園地帯の真ん中でホーム1面だけの無人駅だった。
◎前田屋敷　1965（昭和40）年9月13日　撮影：荻原二郎

久慈線・宮古線
山田線・盛線

路線DATA（久慈線）
起点：久慈
終点：普代
全通：1975（昭和50）年7月20日
転換：1984（昭和59）年4月1日（三陸鉄道）
路線距離：26.0km

路線DATA（宮古線）
起点：宮古
終点：田老
全通：1972（昭和47）年2月27日
転換：1984（昭和59）年4月1日（三陸鉄道）
路線距離：12.8km

路線DATA（山田線）
起点：盛岡
終点：釜石
全通：1939（昭和14）年9月17日
転換：2019（平成31）年3月23日（宮古〜釜石⇒三陸鉄道）
路線距離：55.4km（宮古〜釜石）

路線DATA（盛線）
起点：盛
終点：吉浜
全通：1973（昭和48）年7月1日
転換：1984（昭和59）年4月1日（三陸鉄道）
路線距離：21.5km

この項については三陸縦貫鉄道として北から順に久慈線、宮古線、山田線（宮古〜釜石間）、盛線を一括して述べることとする。

三陸沿岸に鉄道を建設する動きは1896（明治29）年の三陸大津波の後、復興と地域開発のために起きたとされている。三陸は地震、津波など災害が多く、自動車交通がない時代にあっては鉄道がないために復興も遅れ、三陸海岸を縦貫する鉄道の建設は地元の悲願だった。だが、内陸部に開通していた東北本線と結ぶ横断線の建設が優先され、1892（明治25）年の鉄道敷設法には「岩手県下盛岡より宮古もしくは山田に至る鉄道」と記載されたが、建設は遅れた。山田線は人跡まれな山地を横断し、こんな線に誰が乗るのか、猿を乗せるのかとまで揶揄されたが宮古に達したのは1934（昭和9）年11月、製鉄所のある釜石まで達したのは1939（昭和14）年9月である。大船渡線は南三陸の気仙沼、大船渡と東北本線一ノ関を結ぶ線として計画され、1929（昭和4）年7月に気仙沼に達したが、政治家の圧力で北側に迂回したルートとなり「なべつる線」と呼ばれ「我田引鉄」の典型として知られている。大船渡線は1934

年9月に大船渡、1935（昭和10）年9月に盛まで全線開通した。なお、釜石線が釜石に達したのは戦後の1950（昭和25）年10月であるが、これは1948（昭和23）年9月のアイオン台風で壊滅的被害を受け長期間不通になった山田線の代替として開通が急がれたものである。

三陸縦貫鉄道は1922（大正11）年の鉄道敷設法別表には「岩手県久慈より小本を経て宮古に至る鉄道」「岩手県山田より釜石を経て大船渡に至る鉄道」と記載され予定線になった。だが、人口が希薄なこと、地形的に山が海岸に迫り平地が少なく当時の技術では鉄道建設が難しかったことから着工されなかった。北部では八戸線が1930（昭和5）年3月に久慈まで開通したが、中央部ではすでに述べたように内陸部と三陸海岸を結ぶ山田線、大船渡線の建設が先になった。

三陸海岸に沿った三陸縦貫鉄道の本格的な建設は戦後である。当時は道路も整備されておらず、地域開発のためには鉄道が必要とされたからであるが、いわゆる「虫食い」的な一部だけの開通にとどまった。地域開発のために必要とされても、幹線ではな

いために予算を集中的に投入できなかったからであろう。気仙沼線気仙沼〜本吉間は戦前に一部着工されていたが、1953（昭和28）年に建設が再開され1957（昭和32）年2月に開通したが、久慈〜宮古間、釜石〜盛間が工事線になったのは1962（昭和37）年のことである。

宮古線宮古〜田老間は1972（昭和47）年2月に、久慈線久慈〜普代間は1975（昭和50）年7月に開通し、盛線盛〜綾里間は1970（昭和45）年3月に開通し、1973（昭和48）年7月に吉浜まで開通した。いずれも全線立体交差の「鉄道建設公団新線」でカーブが少なく線形は優れているが、トンネルが多く車窓の眺めはいまひとつである。いずれも本数は少なく、高校生が主な乗客であった。未開通区間（普代〜田老、釜石〜吉浜間）についても鉄道建設公団により建設が進み、1980（昭和55）年ごろまでに大部分の路盤が完成していた。翌1981年に国鉄再建法により久慈線、宮古線、盛線が「第一次特定地方交通線」に指定されたが、地元の岩手県では1980年12月の国鉄再建法施行の前後からこの3線は廃止は避けられないとして、未開通部分も含めて第三セクター化する方向に舵を切り、1981年11月には第三セクター三陸鉄道が設立された。この動きは極めて速く、この機会に長年の懸案を一挙に実現しようとしたものであろう。路盤、駅施設などは完成していたため、国鉄との接続工事、車両基地建設などを行い、1984（昭和59）年4月1日、三陸鉄道として再出発し、久慈〜宮古間が北リアス線、釜石〜盛間が南リアス線となった。

2011（平成23）年3月11日の東日本大震災でJR山田線、三陸鉄道が甚大な被害を受けたことは周知のとおりであるが、三陸鉄道南リアス線は2014（平成26）年4月5日に、北リアス線は翌4月6日に全線開通した。山田線宮古〜釜石間は7橋梁が流出、7駅が流出、損壊するなど被害が大きかった。2012（平成24）年6月にJR東日本はBRT化による復旧を岩手県や沿線自治体に提案した。JR東日本は会社自体が黒字経営で復旧にあたり公的支援を受けられず、輸送密度のきわめて低い（JR東日本で最低レベル）山田線を巨額の費用を投じて復旧することは民間会社としてできないということが理由である。だが、沿線自治体側は三陸鉄道が鉄道での復旧を決めている

ため南北を結ぶ鉄道がないのは営業上マイナスとして鉄道による復旧を主張した。2014年1月、JR東日本は鉄道施設をJR負担で復旧させたうえで、沿線市町村に無償譲渡し、三陸鉄道に運営を転換すること、転換後も必要な人的支援を行うことを提案し、同年12月には沿線市町村がその提案を受け入れた。被害を受けなかった区間についてもJRが整備を行うことになった。2019（平成31）年3月23日付で山田線宮古〜釜石間は三陸鉄道に移管され、久慈〜宮古〜釜石〜盛間163.0kmが三陸鉄道リアス線となった。一般営業は翌3月24日からである。

八戸線の終端駅の久慈。1930（昭和5）年3月に久慈まで開通し、開通時の駅舎と思われる。現在は建て替えられている。
◎久慈　1975（昭和50）年7月11日　撮影：荻原二郎

久慈線開通後の久慈駅の駅名標。
◎久慈　1976（昭和51）年7月8日　撮影：荻原二郎

1975（昭和50）年7月20日の久慈線開通を控えた八戸
線久慈駅構内。DE10形牽引の貨物列車が停車中。久
慈線開通直前でバラスト運搬貨車が停車している。
◎久慈　1975（昭和50）年7月11日　撮影：荻原二郎

普代駅は久慈線八戸〜普代間開通に伴い1975（昭和50）年7月20日開設。築堤上にキハ20形が停車中。駅前から北山崎方面
への国鉄バスが連絡している。現在では改装され「道の駅青の国ふだい」や観光案内所を併設している。
◎普代　1978（昭和53）年3月　撮影：山田 亮

1972（昭和47）年 2 月27日に開通した宮古線の終点田老駅。ホームは一面だけで列車はそのまま折り返した。開通時は 3 往復だけだった。
◎田老　1970年代後半
撮影：山田虎雄

宮古駅の木造駅舎。1934（昭和9）年11月、山田線開通にともない開設。KIOSK（キオスク：鉄道弘済会の売店）と立ち食いそばのスタンドがある。キオスクはコンビニエンスストアがない時代にあって新聞、雑誌、軽食、飲み物、土産物とあらゆる商品を扱っていた。宮古駅は東日本大震災では被災せず、2019（平成31）年3月から三陸鉄道管理となり、現在でもこの駅舎が改装されて使用されている。
◎宮古　1974（昭和49）年10月12日
撮影：荻原二郎

1974（昭和49）年10月24、26日に宮古線のトンネル内で行われた列車火災実験の試験列車。DE10形重連が7両編成の試験列車を牽引して宮古〜一の渡間の猿峠トンネル（2870m）内を60km/hで走行し、走行中の列車が火災を起こす実験が行われた。これは1972（昭和47）年11月に北陸トンネル内で起きた急行「きたぐに」の火災事故に鑑み、列車の火災対策のために行われ、世界でも例のない実験だった。◎田老　1974（昭和49）年10月24日　撮影：河野 豊（RGG）

Ｃ58形227（宮古機関区）が牽引する山田線上り貨物列車。津軽石駅は震災による津波が押し寄せ列車が脱線したが駅舎は流出をのがれ、現在でも改修の上で使用されている。山田線Ｃ58形は1970（昭和45）年３月に全面DL（DE10）化され、釜石線のD51、D60は1967（昭和42）年３月に北上線とともに全面DL（DD51）化された。
◎津軽石　1966（昭和41）年１月４日　撮影：荒川好夫（RGG）

磯鶏駅の木造駅舎。1935（昭和10）年11月開設。駅舎は東日本大震災前に建て替えられ待合室だけになった。東日本大震災で津波が押し寄せたが、待合室は残った。◎磯鶏　1974（昭和49）年10月13日　撮影：荻原二郎

磯鶏駅に到着するキハユニ26形を先頭にした宮古方面への列車。貨物取扱駅で貨車が並んでいる。若い女性の服装が70年代を伝えている。◎磯鶏　1974（昭和49）年10月13日　撮影：荻原二郎

岩手船越駅で交換するＣ58 341（宮古機関区）牽引の客車列車。画面右側の駅名標ではＣ58の進行方向が織笠（宮古）方向であることから、この列車は花巻発12時47分、岩手船越発16時23分、宮古着17時31分の536列車と思われる。1961（昭和36）年当時は宮古〜釜石間に客車列車が5往復運転されていた。駅名標の反対側は吉里吉里になっているが、同年12月に岩手船越〜吉里吉里間に浪板駅が設置された。
◎岩手船越
1961（昭和36）年9月11日
撮影：荻原二郎

陸中山田の駅名標。バックの貨物ホームに積み出される木炭の俵が見える。陸中山田は東日本大震災で被災した。
◎陸中山田
1961（昭和36）年9月11日
撮影：荻原二郎

鉄筋コンクリート造りの釜石駅。2012（平成24）年にリニューアルされている。2階に食堂があるが、窓が開け放たれ冷房がなかった時代の夏の光景である。
◎釜石　1961（昭和36）年9月11日
撮影：荻原二郎

大船渡線の終点である盛駅。1935 (昭和10) 年9月に開設された。東日本大震災では構内に津波が押し寄せたがこの駅舎は残った。2013 (平成25) 年3月からBRTが乗入れ、この駅舎も改装されたうえで現在でも使用されている。
◎盛　1961 (昭和36) 年9月12日　撮影：荻原二郎

盛線の終着駅吉浜駅で折り返す盛線の列車。キハ25形とキハ26形400番代 (旧キロ25形) の2両編成。吉浜は1973 (昭和48) 年7月1日開設でその先は完成した路盤が続いていた。この日は沿線の高校の卒業式で女子生徒が花束を持っていた。
◎吉浜　1978 (昭和53) 年3月　撮影：山田 亮

国鉄盛駅構内の端にあった岩手開発鉄道の盛駅ホームと待合室。盛～岩手石橋間で旅客輸送を行っていたが、1992（平成4）年4月1日付で廃止された。現在では盛～岩手石橋、盛～赤崎間で石灰石輸送を行っているが、貨物列車の本数が多くファンから注目されている。◎岩手開発鉄道　盛　1961（昭和36）年9月12日　撮影：荻原二郎

岩手開発鉄道のキハ201形。石灰石専用貨車を2両牽引している。
◎岩手開発鉄道　盛　1961（昭和36）年9月12日　撮影：荻原二郎

阿仁合線・角館線

路線DATA（阿仁合線）

起点：鷹ノ巣

終点：比立内

全通：1963（昭和38）年10月15日

転換：1986（昭和61）年11月1日（秋田内陸縦貫鉄道）

路線距離：46.1km

路線DATA（角館線）

起点：角館

終点：松葉

全通：1970（昭和45）年11月1日

転換：1986（昭和61）年11月1日（秋田内陸縦貫鉄道）

路線距離：19.2km

　阿仁合線、角館線は鷹角（ようかく）線として構想され、現在では秋田内陸縦貫鉄道として一体として運営されていることからこの両線を一括して述べることとする。

　奥羽本線鷹ノ巣と角館を結ぶ鷹角線の構想は明治時代からあった。それまで阿仁川の水運に頼っていた阿仁鉱山（阿仁合付近）の銅鉱石運搬のためで仙北（角館）側も加わり地元は熱心に運動を行った。1922（大正11）年の鉄道敷設法別表には「秋田県鷹ノ巣より阿仁合を経て角館に至る鉄道」が記載され予定線になっている。1932（昭和7）年に阿仁合線として着工され、1934（昭和9）年12月の鷹ノ巣〜米内沢間開通を皮切りに1935年11月に阿仁前田、1936（昭和11）年9月25日に阿仁合まで開通した。戦前の開通はここまでだが、戦後の1956（昭和31）年に阿仁合〜角館間が鷹角線の名で調査線となり、阿仁合〜比立内間が1963（昭和38）年10月15日に開通した。駅の周りには人家も少なく何のための線かといわれたが、角館までの建設を前提としていた。この頃になると沿線の状況も変わってきた。阿仁合線の建設理由だった阿仁鉱山も1955（昭和30）年頃に新鉱床も発見され金、銀、銅を採掘していたが、1960（昭和35）年頃に枯渇し1970（昭和45）年に閉山し、木材の輸送も1965（昭和40）年頃にトラック輸送に切り替わった。

　北側の阿仁合線は1968（昭和43）年の国鉄諮問委員会による廃止勧告「赤字83線」にリストアップされていたにもかかわらず、南側は角館線として1970（昭和45）年11月に角館〜松葉間が開通したが、沿線に人家は少なく1日3往復で無意味な赤字線といわれた。だが地元の鷹角線建設運動の効果もあって、残る比立内〜松葉間29.0kmは鉄道建設公団により1973（昭和48）年に着工されたが1979（昭和54）年に工事は凍結された。1981（昭和56）年、国鉄再建法により角館線が第一次特定地方交通線に指定され、1984（昭和59）年に阿仁合線も第二次特定地方交通線に指定され両線とも廃止対象となった。

　地元では阿仁合線は輸送量、道路事情からバス転換は困難と主張し、鷹角線構想を前面に打ち出し南北を一体として第三セクター化して鷹角線全線開通を目指すことになった。そこで秋田県が中心となって第三セクター秋田内陸縦貫鉄道が1984年10月に設立され、1986（昭和61）年11月1日付で阿仁合線、角館線を引き継いで秋田内陸縦貫鉄道秋田内陸北線、秋田内陸南線となった。1985（昭和60）年に比立内〜松葉間の建設が再開されたが、すでに路盤は完成していたため順調に進み、1988（昭和63）年11月に分水嶺大覚野峠を貫く十二段トンネル（阿仁マタギ〜戸沢間、5697m）が貫通した。1989（平成元）年4月1日に比立内〜松葉間が開通し、秋田内陸縦貫鉄道は全線開通した。

　現在はスマイルレール秋田内陸線と愛称がつき、沿線で韓国ドラマのロケが行われたことや、秋田県知事が台湾へのトップセールスを行った効果もあり、韓国、台湾などからの訪日観光客がコロナ禍前は目立った。沿線人口は漸減しており、分水嶺（阿仁マタギ〜戸沢間）をはさんだ南北の交流もほとんどなく観光客の誘致が同鉄道の命運を握っているといえよう。現在では急行「もりよし」が阿仁合〜角館間下り1本、鷹巣〜角館間1往復運転されているが、角館で秋田新幹線と接続し首都圏や仙台から乗り換え1回で行けることが強みであろう。

鷹ノ巣駅で発車を待つC11 241（大館機関区）牽引の阿仁合行混合列車。鷹ノ巣駅は切り欠きホームから発車。この列車は鷹ノ巣発11時34分の混合列車で阿仁合着12時58分である。◎鷹ノ巣　1962（昭和37）年7月21日　撮影：荻原二郎

鉄筋に改築されて間もないころの国鉄鷹ノ巣駅。1962（昭和37）年7月15日に運転開始の気動車急行「あけぼの」（仙台〜青森間、北上線、奥羽本線経由）の看板と、同年7月下旬から8月下旬に運転された上野〜十和田南間臨時急行（大館経由）「臨時男鹿」号の看板が見える。右側は秋北バス。何気なく撮った写真にも様々な情報がある。
◎鷹ノ巣　1962（昭和37）年7月21日　撮影：荻原二郎

阿仁合線客車列車の側面行先表示板。
◎鷹ノ巣　1962（昭和37）年7月21日　撮影：荻原二郎

C11 243（大館機関区）が逆行で牽引する阿仁合線貨物列車。C11形のスノープロウはD51形のものを流用している。
◎鷹ノ巣　1964（昭和39）年3月2日　撮影：荻原二郎

合川駅で下車した乗客の光景。後方に貨物ホームが見える。当時、始発駅鷹ノ巣の次は合川駅だったが、1963（昭和38）年
12月に小ヶ田駅が、1965（昭和40）年に大野台駅が開設された。◎合川　1962（昭和37）年7月21日　撮影：荻原二郎

米内沢駅で交換したＣ11 143（大館機関区）牽引の上り混合列車鷹ノ巣行き。貨車の後ろに客車3両を連結している。1962（昭和37）年当時、阿仁合線の旅客列車はすべてＣ11形牽引の客車列車で8往復あり、うち2往復は混合列車だった。
◎米内沢　1964（昭和39）年3月　撮影：荻原二郎

米内沢駅は1934（昭和9）年12月に開設されたが、1954（昭和29）年に焼失し1955（昭和30）年に再建され、現在でも当時の姿である。左側に荷物の秤（はかり）が見える。国鉄での荷物輸送があった時代には、どこの駅でも見られた光景である。
◎米内沢　1962（昭和37）年7月21日　撮影：荻原二郎

阿仁合駅は1936（昭和11）年9月、阿仁合までの開通時に建築された当時の姿のままであったが、1989（平成元）年3月に建て替えられ「北緯40度に位置する」巨大な三角屋根の駅舎になっている。比立内まで開通する前で、駅名標の右側は空欄になっている。荷物をリヤカーで運んでいる、荷物扱いがあった頃の光景。
◎阿仁合
1962（昭和37）年7月21日
撮影：荻原二郎

面白い駅名として知られる笑内（おかしない）駅のホーム。ホーム1面だけの無人駅で北国の3月はまだ雪の中。1963（昭和38）年10月15日、阿仁合〜比立内開通時に開設された。
◎笑内
1964（昭和39）年3月
撮影：荻原二郎

雪に覆われた比立内駅。1963（昭和38）年10月15日、阿仁合〜比立内間開通時に開設。簡素な鉄筋コンクリート建築。現在は建て替えられ無人化されている。
◎比立内
1964（昭和39）年3月2日
撮影：荻原二郎

比立内駅で折り返すキハ11形-キハ20形-キハ11形、3両編成の気動車。1963（昭和38）年10月15日に阿仁合線の阿仁合〜比立内間が延伸された。このときから阿仁合線に気動車が投入され、比立内発着の4往復はすべて気動車で運行され、阿仁合までの客車列車は5往復になった。◎比立内　1970年代後半　撮影：山田虎雄

比立内で折り返すキハ17形の阿仁合線列車。阿仁合〜比立内間開通時はこの区間は4往復ですべて気動車だった。
◎比立内　1964（昭和39）年3月2日　撮影：荻原二郎

1976（昭和51）年３月に武家屋敷風に改築された角館駅。◎角館　1970年代後半　撮影：山田虎雄

松葉駅で折り返す角館線キハ52形。松葉は田園地帯の中の駅。◎松葉　1970年代後半　撮影：山田虎雄

角館駅のホーム風景。写真手前が鶯野、大曲方面。キハ58系2両の角館線松葉行が発車してゆく。
◎角館　1970年代後半
撮影：山田虎雄

矢島線

路線DATA

起点：羽後本荘

終点：羽後矢島

全通：1938（昭和13）年10月21日

転換：1985（昭和60）年10月1日（由利高原鉄道）

路線距離：23.0km

　矢島線は秋田県南部の日本海側本荘と内陸部横手を短絡する横荘鉄道の一環として計画された。東側は横荘鉄道東線として1918（大正7）年8月に沼館まで、1930（昭和5）年10月に老方（現在では由利本荘市の一部）まで開通した。西側は横荘鉄道西線として1922（大正11）年8月に羽後本荘〜前郷間が開通したが、残る老方〜前郷間23kmは資金難から着工できなかった。一方、1922年の鉄道敷設法別表に「秋田県本荘より矢島を経て院内に至る鉄道」が記載されて予定線になり、1937（昭和12）年9月には横荘鉄道西線は鉄道省に買収されて矢島線となり、1938（昭和13）年10月に羽後矢島まで開通した。それから先の院内までは戦争の影響もあって建設されず、

矢島線は盲腸線となってしまった。なお、横荘鉄道東線は戦後の1952（昭和27）年に羽後交通横荘線となったが1953（昭和28）年8月の老方〜二井山間廃止を皮切りに順次廃止され、1971（昭和46）年7月に最後の沼館〜横手間が廃止された。

　盲腸線となった矢島線沿線は林業が盛んで農産物や木材の貨物輸送が多かったが1970年前後からトラックにとって代わられ、沿線の過疎化も進み高校生輸送が主目的になった。1968（昭和43）年の国鉄諮問員会の廃止勧告「赤字83線」にリストアップされ、1981（昭和56）年には国鉄再建法による「第一次特定地方交通線」として廃止予定線となった。

　沿線自治体ではバス転換の方向であったが、青森県の弘南鉄道が矢島線引き受けを表明したことがきっかけに「他県の会社にゆだねるより地元の会社で」との意識が生まれ、第三セクターを設立して引き受けることになり、1985（昭和60）年10月1日付で由利高原鉄道鳥海山ろく線となった。子吉川に沿った細長い平地を走るが、鳥海山が眺められる車窓には「日本の原風景」が展開する。現在では「日本のふるさと」を走る鉄道として各種のイベント列車が運行されている。

羽越本線と矢島線が接続する羽後本荘の駅舎。1922（大正11）年6月開設、1981（昭和56）年にコンクリート造り一部2階建に建て替えられた。◎羽後本荘　1970年代後半　撮影：山田虎雄

子吉川に沿って走るキハ17形の矢島線の列車。矢島線はほぼ全線にわたり子吉川と並行しその流域の平野を走る。奥羽本線院内への延伸計画は実現しなかった。
◎羽後川辺
1965（昭和40）年9月14日
撮影：荻原二郎

キハ22形先頭の矢島線列車。キハ22形は新製直後でピカピカ。後ろに連なる車体幅が狭く貧弱なキハ17系と対照的である。1965（昭和40）年頃から寒地用の二重窓キハ22形が矢島線に投入された。
◎羽後川辺
1965（昭和40）年9月14日
撮影：荻原二郎

矢島線羽後川辺駅の木造駅舎。1938（昭和13）年10月21日に開設され、由利高原鉄道転換時に川辺と改称され現在は建て替えられている。駅内に手荷物、小荷物取扱所の表示あるが、宅配便がない時代は荷物を全国に送る手段は郵便小包と鉄道荷物だけで、鉄道荷物は郵便小包より取扱範囲が広く「客車便」と呼ばれ国民生活に密着していた。
◎羽後川辺
1965（昭和40）年9月14日
撮影：荻原二郎

羽後矢島駅で折り返すキハ22形先頭の矢島線列車。キハ22形-キハ20形-キハ20形-キハ40形の4両編成。貨物輸送のため構内は広く、木材を積んだ貨車が停まっている。現在は構内には由利高原鉄道の車両基地がある。
◎羽後矢島　1980（昭和55）年5月　撮影：山田 亮

矢島線列車の側面行先表示板。
◎羽後本荘
1965（昭和40）年9月14日
撮影：荻原二郎

旧駅舎時代の矢島線の終着駅羽後矢島駅。1938（昭和13）年10月21日に開設。1985（昭和60）年10月に矢島と改称。2000（平成12）年に隣接地に二代目木造駅舎が建築され、由利高原鉄道の本社を兼ねる。この旧駅舎は倉庫として使用されたが2011（平成23）年に解体された。
◎羽後矢島
1980（昭和55）年5月
撮影：山田 亮

羽後矢島の駅名標。
◎羽後矢島
1965（昭和40）年9月14日

長井線

路線DATA

起点：赤湯

終点：荒砥

全通：1923（大正12）年4月22日

転換：1988（昭和63）年10月25日（山形鉄道）

路線距離：30.6km

日本で一番長い線は東北本線ではなく「長井線」というジョークがあったが、長井線は長井軽便線（軌間1067mm）として建設され、1923（大正12）年4月に荒砥まで開通した。山形県南部の置賜地域は米沢盆地を中心とした地域で、その北部に位置する最上川流域は古くから舟運で栄えていた。その最上川流域の長井、荒砥と奥羽本線赤湯を結ぶために長井線は建設された。米沢と日本海側を結ぶ米坂線米沢～今泉間の開通は1926（大正15）年9月で長井線が「先輩」ということになる。米坂線米沢～坂町間の全通は1936（昭和11）年8月であるが、今泉から白川信号場までの1.8kmは米坂線と線路を共用し、第三セク

ター化された現在でもJR米坂線との二重戸籍区間になっている。現地は直進する山形鉄道（長井線）に対し、米坂線は分岐後にカーブしており、この両線の歴史を物語る。長井線終点の荒砥から最上川沿いに北上して左沢線左沢まで結ぶ「山形内陸循環線」の構想は古くからあったが実現していない。

長井線は1968（昭和43）年の国鉄諮問委員会の廃止勧告「赤字83線」にリストアップされた。国鉄再建法による「第一次および第二次特定地方交通線」の指定はまぬかれたが、1986（昭和61）年には第三次特定地方交通線に指定された。このままでは廃止はまぬかれないとして、地元は第三セクター鉄道への転換を選択した。バスでは通学時間帯に集中する高校生を運びきれないことが理由である。1988（昭和63）年10月25日付でJR長井線は廃止され、山形鉄道に引き継がれ、フラワー長井線の愛称になった。その後も高校生の通学輸送が多いことは変わりなく、2004（平成16）年の映画「スウィングガールズ」（監督、矢口史靖）のロケが沿線で行われたことでも知られる。

荒砥駅で折り返す長井線のキハ17。最上川の上流には鮎のやな場などもある。
◎荒砥　1960（昭和35）年12月8日　撮影：荻原二郎

長井線の終点駅荒砥。1923（大正12）年4月開設。山形鉄道転換後の2003（平成15）年に公民館と郷土資料館を併設した新駅舎に建て替えられた。◎荒砥　1960（昭和35）年12月8日　撮影：荻原二郎

首都圏色（朱色5号、通称：タラコ色）になった長井線の列車。6両編成で先頭キハ17形、2両目は寒冷地用のキハ22形、最後部はキハ58形。6両編成で車種は5種で百鬼夜行（ひゃっきやぎょう）編成と呼ばれた。
◎荒砥　1970年代後半　撮影：山田虎雄

まるもりせん

丸森線

路線DATA

起点：槻木

終点：丸森

全通：1968（昭和43）年4月1日

転換：1986（昭和61）年7月1日（阿武隈急行）

路線距離：17.4km

　丸森線は東北本線の勾配区間を避けたバイパス路線として建設された。1922（大正11）年の鉄道敷設法別表に「福島県福島より宮城県丸森を経て福島県中村（筆者注、常磐線相馬）に至る鉄道及び丸森より分岐して白石に至る鉄道」と記載されて予定線になり、1953（昭和28）年の同法別表改正時に「宮城県槻木付近から丸森に至る鉄道」が追加された。これが丸森線、現在の阿武隈急行につながるが、東北本線桑折〜白石間の越河峠には25‰の勾配区間があり、蒸気機関車の時代には急勾配がネックとなっており、阿武隈川沿いに勾配の少ない線を建設する必要があるとされた。丸森線の起点が丸森となっているのは全通時に福島起点となるからである。ところが、東北本線の交流電化が進み1961（昭和36）年3月には仙台に達し、急勾配は特に問題にならなくなった。

　それでも沿線の猛烈な運動が功を奏し1964（昭和39）年に着工され、1968（昭和43）年4月1日、槻木〜丸森間が開通したが非電化で気動車が5往復するだけだった。その後も福島まで幹線規格での建設が続けられ、1980（昭和55）年頃までに東北本線との分岐点付近を除いてレールの敷設も完了した。丸森線は1981（昭和56）年、国鉄再建法による第一次特定地方交通線に指定され、福島までの工事も凍結された。ところが線路の敷設もほぼ完了していることから、地元ではこれを機に丸森線を第三セクターとして引き受け、電化して全線開通させることになり、第三セクター阿武隈急行が設立された。まず国鉄時代末期の1986（昭和61）年7月1日に丸森〜槻木間が阿武隈急行に引き継がれた。1988（昭和63）年7月1日に福島〜槻木間が全線開通し、同時に交流電化され、JR以外では異例の交流専用電車（8100系）が投入され注目された。現在では福島、仙台への通勤通学輸送が中心でそれなりに安定した利用があり、東北本線のルートからはずれた福島盆地の保原、梁川付近では福島への主要交通機関になっている。県境の兜、あぶくま付近の乗客は少なく、全線を乗り通す客は「乗り鉄」くらいであろうか。通勤通学客以外の乗客をいかに増やすかが課題になっている。

丸森線へ向かうキハ58系5両の団体臨時列車「丸石」号。◎槻木　1968（昭和43）年9月7日　撮影：荻原二郎

東北本線と丸森線の分岐駅の槻木。1998（平成10）年6月に新駅舎となった。
◎槻木
1968（昭和43）年9月7日
撮影：荻原二郎

槻木駅ホームの駅名標。ここで東北本線と丸森線が分岐する。
◎槻木
1968（昭和43）年9月7日
撮影：荻原二郎

丸森線列車の側面行先表示板。車両はキハ45形。
◎槻木
1968（昭和43）年9月7日
撮影：荻原二郎

丸森の駅舎と駅前に止まる国鉄バス金山町行。仙台から角田、丸森を経由して金山町、常磐線相馬まで国鉄バスが運行され
ていた。駅舎は1968（昭和43）年4月の開通時に建築され、現在でも改装されているが、使用されている。
◎丸森　1968（昭和43）年9月7日　撮影：荻原二郎

終点丸森駅の光景。キハ45形とキハ17形の2両編成が停車中。丸森駅は町の中心から離れ、駅周辺は人家が少なかった。
◎丸森　1968（昭和43）年9月7日　撮影：荻原二郎

会津線

あいづせん

路線DATA

起点：西若松

終点：会津滝ノ原

全通：1953（昭和28）年11月8日

転換：1987（昭和62）年7月16日（会津鉄道）

路線距離：57.4km

会津滝ノ原行の側面行先表示板（横サボ）。1960（昭和35）年当時、会津線会津滝ノ原発着の列車は5往復、会津田島発着は1往復で、すべてC11形牽引の混合列車。戦前とまったく変わらない姿で化石のような線といわれた。戦前と違うのは客車が木造車から鋼体化客車になったことだけである。◎磐越西線 会津若松 1960（昭和35）年8月6日
撮影：荻原二郎

　会津滝ノ原に向かう会津線は栃木県下野と福島県岩代（会津）、山形県出羽を結ぶ「野岩羽」鉄道の一環として1925（大正14）年に「野岩線」部分から着工され1927（昭和2）年11月に西若松〜上三寄（現・芦ノ牧温泉）間が開通し、1932（昭和7）年12月に湯野上（現・湯野上温泉）、1934（昭和9）年12月27日に会津田島と延伸されたが、戦前はここまでで会津滝ノ原（現・会津高原尾瀬口）までの開通は戦後の1953（昭和28）年11月8日である。ここから約30km南の新藤原まで東武鉄道鬼怒川線が開通しており（1919年12月、下野軌道として開通）、新藤原まで延伸して東武との接続は地元の強い要望であった。一方、会津川口方面は会津滝ノ原方面より早く、1926（大正15）年10月に会津若松〜会津坂下間の開通を皮切りに戦前は1941（昭和16）年10月に会津宮下まで、戦後の1956（昭和31）年10月に会津川口まで開通した。只見までは田子倉ダムの工事専用線を編入する形で1963（昭和38）年8月20日に開通した。新潟県側の只見線と結び会津若松〜小出間が全線開通したのは1971（昭和46）年8月29日で同時に会津若松〜小出間が只見線に改称され、西若松〜会津滝ノ原間が会津線となった。

　会津線は会津滝ノ原方面、只見方面ともに1970年代までC11形蒸気機関車牽引で運用された。1965（昭和40）年10月改正時から準急「あいづ」が会津田島、会津川口〜仙台間に登場し、福島、仙台への日帰り往復が可能になったが会津線内はキハ52形が1両であった。会津滝ノ原方面への普通列車は1967（昭和42）年10月改正時にすべて気動車化された。貨物列車はC11形牽引で残ったが、1974（昭和49）年10月にDE10形牽引となった。なお、只見線客車列車の全列車気動車化は1972（昭和47）年10月改正時で、貨物列車は会津線と同時に1974（昭和49）年

10月からDE10形牽引となった。

　会津線は1968（昭和43）年の国鉄諮問委員会による廃止勧告「赤字83線」に会津滝ノ原方面、只見方面ともにリストアップされたが、1981（昭和56）年に国鉄再建法による第二次特定地方交通線に会津滝ノ原方面が指定された。（只見線は並行する道路の冬季閉鎖を理由に指定されず）一方、会津滝ノ原〜下野川治（現在の川治温泉駅付近）間の「野岩線」は鉄道建設公団により1966（昭和41）年に着工され建設が進んでいたが1980（昭和55）年に建設が凍結されていた。そこで地元自治体では、野岩線の建設を再開して電化し第三セクター化して新藤原で東武鬼怒川線と接続する案が浮上した。第三セクター野岩鉄道は1981年に設立され、地元自治体のほか東武鉄道が大口株主として加わった。

　1986（昭和61）年10月9日、野岩鉄道会津鬼怒川線新藤原〜会津高原（会津滝ノ原を改称、現在は会津高原尾瀬口）間が開通し、東武鉄道と直通運転が開始され、東武快速（6050型）が浅草から直通した。会津高原で会津線と接続し奥会津の人々にとって明治以来の悲願が達成されたことになる。JR発足後の1987（昭和62）年7月16日、会津線は第三セクター会津鉄道となり、1990（平成2）年10月12日、会津鉄道会津高原〜会津田島間が電化され、浅草〜会津田島間が東武快速により直通運転となった。特定地方交通線に指定され廃止予定になった線の電化はまさに異例で、地元の東京直通にかける熱意の表れであろう。現在では東武500系の特急「リバティ会津」が浅草〜会津田島間に4往復運転され、鬼怒川温泉〜会津若松間、東武日光〜会津若松間に会津鉄道AT-600・650形、AT-700・750形による快速「AIZUマウントエクスプレス」が運転される。

会津線の会津滝ノ原方面、只見線の会津川口方面への分岐点西若松駅。2005（平成17）年9月に橋上駅舎となった。◎西若松 1963（昭和38）年10月5日 撮影：荻原二郎

上三寄駅でのC11形牽引列車同士の交換風景。写真右側のホームに会津若松方面の表示があり、右がC11 289（会津線管理所）牽引の上り会津若松行、左が下り会津滝ノ原行。◎上三寄 1960（昭和35）年8月6日 撮影：荻原二郎

上三寄駅を発車するＣ11形牽引の下り列車。客車はオハ60形。上三寄は1987年7月16日、会津鉄道への転換時に駅名を芦ノ牧温泉と改称。
◎上三寄
1963（昭和38）年10月5日
撮影：荻原二郎

C11形289（会津若松運転区）牽引の会津線貨物列車。機関車次位のワフ29500形は有蓋車と車掌車の合造車（有蓋緩急車）で、牽引定数の少ないローカル線で連結車両を減らせるため、主として会津線などのローカル線で使用された。
◎会津長野〜田部原
1972（昭和47）年8月
撮影：荒川好夫（RGG）

会津線は冬には雪に閉ざされ白一色になる。湯野上に到着したキハ45形とキハ17形の会津線列車。上三寄〜湯野上（現、湯野上温泉）間は大川ダム建設のため1980（昭和55）年12月に新線に切り替えられた。
◎湯野上
1978（昭和53）年8月
撮影：山田 亮

夏の会津線（会津滝ノ原方面）会津長野駅の情景。改札口で出迎える子どもたちの姿に昭和30年代を見る。駅の時計は正午を指しており、会津若松発10時20分、会津長野発11時59分、会津滝ノ原着12時50分の35列車から撮ったことがわかる。
◎会津長野　1960（昭和35）年8月6日　撮影：荻原二郎

会津田島駅に停車中のＣ11 94（会津線管理所）牽引の会津滝ノ原行。客車は鋼体化客車オハ60形で後部に貨車を連結。構内は広く木材の輸送が多いことがわかる。30年後、この会津田島に東京浅草から電車が直通するなど誰が予想しただろうか。
◎会津田島　1960（昭和35）年8月6日　撮影：荻原二郎

木造駅舎時代の会津田島駅。1934（昭和9）年12月27日開設。駅には仙台から会津田島まで往路夜行、帰路昼行で運転されたハイキング列車「尾瀬号」歓迎のアーチがある。現在は建て替えられアーチ型の近代的駅舎になっている。
◎会津田島　1972（昭和47）年8月　撮影：荒川好夫（RGG）

会津滝ノ原駅の駅名標。客車は鋼体化客車のオハ60形で座席は背ずりが板張りである。
◎会津滝ノ原
1960（昭和35）年8月6日
撮影：荻原二郎

C11 94（会津線管理所）牽引で会津滝ノ原駅に到着した列車。会津滝ノ原までの開通は戦後の1953（昭和28）年11月8日。1986（昭和61）年の野岩鉄道開通時に会津高原と改称した（2006年に会津高原尾瀬口に再改称）。現在では電化されたが、周囲の山々は変わらない。
◎会津滝ノ原
1960（昭和35）年8月6日
撮影：荻原二郎

大船渡線

路線DATA

起点：一ノ関

終点：盛

全通：1935（昭和10）年9月29日

転換：2020（令和2）年4月1日
（気仙沼〜盛⇒大船渡線BRT）

路線距離：43.7km（気仙沼〜盛）

　大船渡線は東北本線一ノ関と南三陸沿岸を結ぶために大正年間に計画された。計画時は陸中門崎から千厩まで気仙沼街道（現・国道284号）に沿って直進するルートであった。1920（大正9）年の総選挙（当時は普通選挙ではなく、制限選挙の時代）で政友会から出馬した摺沢出身の佐藤良平が当選した。当時の政友会の総裁原敬は狭軌の地方鉄道建設を優先する「建主改従」政策をとっていた。佐藤の当選で大船渡線は摺沢経由となり、1925（大正14）年7月に一ノ関〜摺沢間が開通したが、陸中門崎駅はその直前に不自然に曲がっておりルートが急に捻じ曲げられたことを物語っている。ところが1924（大正13）年の総選挙（最後の制限選挙、第一回普通選挙は1928年）で対立する憲政会から出馬した千厩出身の棚瀬軍之佐が当選し、棚瀬は大船渡線のルートを再び捻じ曲げる形で千厩経由とし、1927（昭和2）年7月に千厩まで開通した。陸前門崎から千厩まで直進すべきところ、摺沢を経由したため四角形の三辺を通ることになり、鍋つる線と呼ばれ「我田引鉄」の典型として知られる。大船渡線は1929（昭和4）年7月に気仙沼に達し、大船渡までは1934（昭和9）年9月、終点の盛へは1935（昭和10）年9月29日に開通した。気仙沼〜盛間は三陸縦貫鉄道の一環である。

　戦後の大船渡線は気仙沼港など三陸に水揚げされた水産物の輸送など貨物列車が多数運行されており、線形が悪いにもかかわらず、地方幹線的な位置づけであった。1960（昭和35）年5月のチリ地震津波では陸前高田〜盛間が被災したが一か月弱で復旧した。東京（上野）直通の気動車急行が運転されていた時期もある。1983〜84年には陸中松川〜盛間の貨物営業が廃止された。水産物輸送がトラックに移ったためである。

　2011（平成23）年3月11日の東日本大震災では大船渡線も海沿いの区間を中心に津波で浸水し、駅も陸前高田駅が流出するなど7駅が被災した。一ノ関〜気仙沼間は4月18日に復旧したが、気仙沼〜盛間は復旧の見込みがたたなくなった。JRでは巨額の費用を投じて鉄道として復旧することは困難という立場からBRT（Bus Rapid Transit、バス高速輸送システム）での復旧を提案し、地元自治体も2012（平成24）年10月にそれを受け入れ、2013年3月2日から気仙沼〜陸前高田〜盛間でBRTの運行を開始した。気仙沼〜盛間の所要時間は鉄道では1時間前後であったが、2013年3月にはBRTで最速1時間11分、現在では快速便で1時間17分である。線路敷を利用した専用道路区間は当初は大船渡〜盛間の一部1.9kmだけであったが、現在では気仙沼〜鹿折唐桑間、小友〜盛間および陸前矢作〜竹駒間になっている。（2021年3月現在、JR東日本HPによる）

　JRではBRT化は仮復旧との立場であったが、2015（平成27）年12月に沿線自治体とJRがBRTを本格的な復旧手段とすることで合意し、鉄道としての復旧は事実上断念され2020（令和2）年4月1日付で大船渡線気仙沼〜盛間は気仙沼線気仙沼〜柳津間とともに正式に廃止された。

気仙沼駅舎。1929（昭和4）年7月開設。2012（平成24）年12月に駅正面に門柱を立て、リニューアルされた。
◎気仙沼　1961（昭和36）年9月12日
撮影：荻原二郎

C58形297（一関機関区）牽引で気仙沼に到着する上り貨物列車（後方が盛方面）。構内に機関車駐泊所が見える。現在、この場所はBRT専用道とバス駐車場になっている。大船渡線の貨物列車無煙化は比較的早く1968（昭和43）年３月にC58形はDE10に置き換えられた。◎1960（昭和35）年９月１日　撮影：宮地 元（RGG）

盛で発車を待つC58形牽引の客車列車。1960（昭和35）年時点では大船渡線は準急「むろね」（仙台～盛、1960年６月運転開始）を除くとすべて客車列車だったが1961（昭和36）年には普通列車の一部が気動車化され1963（昭和38）年３月に全面気動車化された。◎盛　1960（昭和35）年９月１日　撮影：宮地 元（RGG）

小友駅で交換するキハユニ26形を先頭にした大船渡線の列車。小友付近は東日本大震災で津波が到達して浸水し、小友駅も被災した。現在この付近はBRT専用道になっている。
◎小友
1976（昭和51）年7月10日
撮影：荻原二郎

大船渡駅の駅名標。
◎大船渡
1961（昭和36）年9月12日
撮影：荻原二郎

盛駅に停車中のキハ20形を先頭にした大船渡線の列車。3両目にキハ26形の400番代（旧キロ25形）を連結している。写真右側奥に岩手開発鉄道のホームと車庫が見え、気動車が入庫している。
◎盛
1976（昭和51）年7月10日
撮影：荻原二郎

気仙沼線

路線DATA

起点：前谷地

終点：気仙沼

全通：1977（昭和52）年12月11日

転換：2020（令和2）年4月1日
　　　（柳津～気仙沼⇒気仙沼線BRT）

路線距離：55.3km（柳津～気仙沼）

　三陸縦貫鉄道は地元の悲願であり、1922（大正11）年の鉄道敷設法別表に「宮城県気仙沼より津谷、志津川を経て前谷地に至る鉄道」と記載され予定線となった。大船渡線開通後の1939（昭和14）年に気仙沼側から着工されたが、戦争の影響で中断し戦後の1953（昭和28）年に再開された。1956（昭和31）年4月に気仙沼～気仙沼港間が大船渡線の貨物支線として開通し、1957（昭和32）年2月に南気仙沼～本吉間が開通、貨物支線とあわせて気仙沼線となった。本吉～前谷地間は1959（昭和34）年に工事線となり、建設は1964（昭和39）年に発足した鉄道建設公団に引き継がれた。気仙沼～本吉間は1968（昭和43）年の国鉄諮問委員会により廃止勧告され「赤字83線」にリストアップされたが、同年10月24日に南側の石巻線前谷地～柳津間が柳津線として開通した。未開通区間は毎年少しずつ予算が付き、その分だけ建設が進むという状況であった。

　1977（昭和52）年12月11日、本吉～柳津間が開通し気仙沼線は全線開通し、国鉄が開業した最後のローカル線となった。立体交差の「鉄道公団新線」で開通当日地元は「80年の夢実る」と大漁旗がはためくお祭り騒ぎだった。この開通で気仙沼～仙台間を約3時間で結ぶ直通列車（前谷地～仙台間快速）が1往復登場した。一ノ関経由より26.5km短縮され、所要時間も一ノ関経由の急行と大差なかった。（当時は東北新幹線開通前）

　2011（平成23）年3月11日の東日本大震災で気仙沼線は大きな被害を受け、海沿いの気仙沼～陸前戸倉間では16駅のうち12駅で津波により駅舎が流出、損傷した。前谷地～柳津間は4月29日に運転を再開したが、残る区間の復旧見込みはたたなかった。

　JRではBRT（Bus Rapid Transit、バス高速輸送システム）で仮復旧することとし、2012（平成24）年8月20日から気仙沼～柳津間でBRTの暫定運行を開始した。この時点では専用道区間は最知～陸前階上間2.1kmだった。同年12月22日からは陸前港～歌津間2.3kmの専用道化が完成し、駅舎の整備も進みBRTの正式運行が始まった。この時点では仮復旧としての位置づけで将来の鉄道復旧への含みを持たせていた。気仙沼～柳津間の所要時間は鉄道では快速で約1時間、普通で1時間20～30分であったが、2013（平成25）年3月にはBRTで約2時間、現在では最短1時間47分である。専用道路区間も気仙沼～陸前階上、小金沢～清水浜、志津川～柳津間になっている。（2021年3月現在、JR東日本HPによる）

　その後もJRと沿線自治会との協議は続いたが、鉄道としての復旧は巨額の費用がかかることから2016（平成28）年3月に沿線自治体とJRがBRTを本格的な復旧手段とすることで合意し、鉄道としての復活は事実上断念され2020（令和2）年4月1日付で気仙沼線気仙沼～柳津間は大船渡線気仙沼～盛間とともに正式に廃止された。

前谷地～柳津間は柳津線として1968（昭和43）年10月に開通して柳津駅として開業。開通時は5往復が運転。写真は1977（昭和52）年12月の気仙沼線全線開通後で画面後方に気仙沼方面への線路が続いている。現在では写真後方（気仙沼方）の路盤がBRT専用道路となっている。
◎柳津　1978（昭和53）年頃
撮影：山田虎雄

気仙沼線の終点駅本吉駅で停車中のキハ
10形。このホームは今でも現存し、横に
BRT乗り場がある。全通前の気仙沼線は
盲腸線で屈指の赤字路線であった。
◎本吉　1960（昭和35）年9月1日
撮影：宮地 元（RGG）

1957（昭和32）年から1977（昭和52）年まで20年間、気仙沼線の終端駅だった本吉。現在でもこのホームは残り、ホームと
並んでBRT乗り場が設けられている。◎本吉　1961（昭和36）年9月12日　撮影：荻原二郎

1957（昭和32）年2月に南気仙沼〜本吉間が開通した気仙沼線の終点本吉駅。コンクリート造りの簡素な駅舎で2011（平成23）年3月の東日本大震災でも被災せず、2012（平成24）年8月の気仙沼線BRT化後も、この駅舎は改装されBRT本吉駅として使用されている。◎本吉　1961（昭和36）年9月12日　撮影：荻原二郎

1961～1962（昭和36～37）年当時の時刻表

小本線（後の岩泉線）

37.4.21訂補　宮古—浅内（小本線）

キロ程	駅名		411	413	415	417	423D
0.0	宮古	発	554	...	...	1629	1742
3.3	千徳	〃	600	...	...	1636	1747
7.9	花原市	〃	レ	...	...	レ	1753
10.6	蟇目	〃	613	...	...	1652	1758
15.1	茂市	〃	629	833	1235	1715	1811
19.4	岩手刈屋	〃	640	845	1246	1728	1819
25.1	岩手和井内	〃	658	903	1303	1749	1830
30.9	押角	〃	721	921	1321	1820	
40.4	岩手大川	〃	749	945	1344	1847	園
46.3	浅内	着	801	958	1357	1900	...

キロ程	駅名		420D	412	414	416	418
0.0	浅内	発		628	1000	1420	1730
5.9	岩手大川	〃		647	1019	1441	1749
15.4	押角	〃	園	718	1047	1510	1826
21.2	岩手和井内	〃	702	730	1102	1524	1842
26.9	岩手刈屋	〃	709	742	1114	1537	1854
31.2	茂市	〃	723	750	1122	1557	1914
35.7	蟇目	〃	731	...	...	1605	1925
38.4	花原市	〃	735	...	...	レ	レ
43.0	千徳	〃	742	...	...	1617	1937
46.3	宮古	着	747	...	...	1624	1944

白棚線（昭和14年）

十四年三月一日訂補　白河・磐城棚倉間（白棚線）　▲印以外ハ氣動車　三等車ノミ

下り列車

粁程	運賃	驛名	列車番號	1	▲51	5	▲53	7	9	11	13
0.0	銭	白河	発	630	830	1050	130	300	425	550	720
1.3	5	白登町		634	835	1054	135	304	429	554	725
4.5	8	関山口		640	843	310	142	310	435	600	732
7.5	13	関		645	848	1105	148	315	440	605	738
11.0	18	番沢		651	855		155	321	446	611	745
12.1	24	水二磐城金山		654	859	1114	159	324	449	614	749
14.1	24	郡二三梁森		700	907	1122	208	328	452	618	755
15.8	25	線貝二森		703	913		215	331	456	621	759
17.7	29	金澤		707	918	1129	220	335	500	625	804
19.6	32	金澤南		715	925		225	338	503	628	808
23.3	38	磐城棚倉	着	719	930	1140	232	346	511	636	816

上り列車

粁程	運賃	驛名	列車番號	▲50	4	▲52	6	8	10	12	14
0.0	銭	磐城棚倉	発	630	835	1050	145	300	425	550	730
3.7	7	金澤内		645	845	1105	152	304	429	603	740
5.6	10	金三	森	649	849	1109	159	317	441	607	744
7.6	13	東下上梁磐城山		654	853	1117	203	322	446	612	748
9.2	16	リリ磐城金澤		659	904	1124	208	328	454	618	755
11.2	19	北二二番		703	907	1128	211	332	458	622	758
12.3	24	本○○段		707	910	1132	216	336	501	626	801
15.8	25	線貝二関山口		714	916	1139	220	343	507	633	807
18.8	30	線貝頁南湖		720	921	1143	225	349	512	638	812
22.0	32	登町		727	927	1152	231	356	518	646	818
23.3	38	白河	着	731	930	1156	234	400	521	650	821

日中線

36.10.1改正　喜多方——熱塩（日中線）

611	613	615		キロ程	駅名		612	614	616
6 12	16 00	18 17	┌	0.0	発 喜多方 着		7 44	17 30	19 38
6 20	16 08	18 25	会発	2.9	〃 会津村松 発		7 38	17 24	19 32
6 26	16 15	18 32	津若	5.0	〃 上三宮		7 32	17 16	19 26
6 40	16 29	18 41	松 5 38	8.2	〃 会津加納		7 24	17 08	19 19
6 49	16 58	18 50	└	11.6	着 熱塩 発		7 10	16 55	19 07

黒石線

36.10.1改正　川部—黒石（黒石線）園

キロ程	駅名		111D	113D	115D	117D	119D	121D	123D	125D	127D	129D	131D	133D	135D	137D	139D
	始発		弘前 531	...	...		碇ケ関 830	...	...		碇ケ関 1415						...
0.0	川部	発	650	640	724	815	925	1055	1145	1257	1542	1640	1724	1753	1830	1940	2045
3.0	前田屋敷	〃	655	645	729	820	930	1100	1150	1302	1547	1645	1729	1758	1835	1945	2050
6.6	黒石	着	600	650	735	825	935	1105	1155	1307	1552	1650	1734	1803	1840	1950	2055

36.10.1改正　黒石—川部（黒石線）園

キロ程	駅名		112D	114D	116D	118D	120D	122D	124D	126D	128D	130D	132D	134D	136D	138D	140D
0.0	黒石	発	613	657	743	911	940	1115	1205	1312	1557	1708	1738	1808	1910	2020	2100
3.6	前田屋敷	〃	618	703	748	916	945	1120	1210	1317	1602	1713	1743	1813	1915	2025	2105
6.6	川部	着	622	707	752	921	950	1124	1214	1322	1607	1717	1748	1818	1920	2030	2110
	終着			碇ケ関 823			弘前 1011			碇ケ関 1412							弘前 2124

阿仁合線

37.4.21訂補　鷹ノ巣——阿仁合（阿仁合線）

211	213	215	291	217	219	293	221	キロ程	駅名		212	214	216	292	218	294	220	222
550	740	1004	1134	1336	1615	1821	2028	0.0	発 鷹ノ巣 着		658	844	1103	1243	1437	1722	1921	2139
610	801	1022	1156	1357	1637	1841	2046	9.9	〃 合川 発		639	825	1044	1224	1418	1703	1902	2120
626	816	1032	1212	1415	1650	1857	2100	15.1	〃 米内沢 〃		628	814	1033	1213	1408	1648	1852	2107
638	829	1042	1226	1427	1704	1909	2111	20.6	〃 桂瀬 〃		615	803	1016	1201	1355	1631	1840	2047
648	841	1052	1238	1437	1717	1921	2121	25.3	〃 阿仁前田 〃		604	752	1005	1150	1344	1617	1826	2036
658	851	1101	1248	1447	1727	1931	2131	29.2	〃 小渕 〃		555	743	955	1141	1335	1604	1813	2024
708	901	1111	1258	1457	1737	1941	2141	33.1	着 阿仁合 発		546	734	946	1131	1326	1555	1804	2015

矢島線

37. 3.10 訂補

羽後本荘 —— 羽後矢島 （矢島線）

311D	313D	315D	317D	318D	321D	323D	325D	327D	キロ程	駅名	312D	314D	316D	318D	320D	322D	324D	326D	528D
505	651	830	1008	1210	1422	1558	1756	1935	0.0	発羽後本荘着	636	818	959	1136	1343	1548	1724	1928	2104
509	655	834	1012	1214	1426	1602	1800	1939	2.2	〃薬師堂発	632	815	956	1132	1339	1545	1721	1924	2100
513	659	838	1016	1218	1430	1606	1804	1943	4.5	〃子吉〃	627	811	952	1128	1335	1541	1717	1919	2055
518	704	844	1022	1224	1435	1611	1810	1948	7.4	〃羽後鮎川〃	621	805	946	1123	1329	1535	1711	1913	2049
523	709	849	1027	1229	1440	1616	1815	1953	9.6	〃羽後黒沢〃	617	801	941	1118	1324	1530	1707	1909	2045
528	714	854	1032	1234	1445	1621	1820	1958	11.6	〃前郷〃	612	756	937	1114	1319	1526	1702	1904	2040
535	721	901	1039	1241	1452	1628	1827	2005	15.7	〃西滝沢〃	605	750	930	1107	1312	1520	1656	1857	2034
542	728	909	1046	1249	1459	1635	1835	2012	20.1	〃羽後川辺〃	558	743	923	1100	1305	1513	1649	1850	2027
547	733	914	1051	1254	1504	1640	1840	2017	23.0	着羽後矢島発	553	738	918	1055	1300	1508	1644	1845	2022

長井線

37・4・21 訂補

赤湯 —— 荒砥 （長井線）

キロ程	駅名	211D	213D	141D	215D	143D	217D	219D	221D	223D	225D	227D	229D
0.0	赤湯発	5 47	7 11	…	9 18	…	10 51	12 07	13 16	14 46	15 46	17 44	18 51
3.1	宮内町着	5 53	7 14	…	9 27	…	11 00	12 13	13 25	14 55	15 55	17 51	18 59
4.5	西宮内〃	5 57	7 20	米沢発	9 31	米沢発	11 00	12 16	13 28	14 58	15 03	17 54	19 02
6.9	梨郷〃	6 01	7 26	7 00	9 35	6 48	11 05	12 20	13 35	15 03	16 19	17 59	19 08
10.3	西大塚〃	6 07	7 31	発	9 41	発	11 11	12 26	13 40	15 08	16 05	18 05	19 14
12.3	今泉着発	6 16	7 35	7 36	9 44	9 28	11 14	12 29	13 45	15 15	16 08	18 09	19 19
		6 16	7 40	7 54	9 47	10 28	11 21	12 35	13 52	15 19	16 10	18 10	19 26
15.0	時庭〃	6 22	7 46	8 00	9 53	10 34	11 27	12 38	13 58	15 23	16 16	18 13	19 33
17.3	南長井〃	6 27	7 51	8 04	9 57	10 39	11 26	12 42	14 00	15 25	16 18	18 21	19 37
18.4	長井〃	6 30	7 55	8 06	10 00	10 42	11 30	12 45	14 06	15 26	16 25	18 24	19 44
21.1	羽前成田〃	6 35	8 00	…	10 05	…	11 34	12 50	…	15 31	16 30	18 29	19 49
24.1	蚕桑〃	6 41	8 05	…	10 10	…	11 40	…	…	15 35	16 35	18 35	19 56
27.9	鮎貝〃	6 46	8 10	…	10 15	…	11 44	13 00	…	15 41	16 40	18 40	20 03
30.6	荒砥着	6 50	8 14	…	10 19	…	11 48	13 04	…	15 45	16 44	18 44	20 07

キロ程	駅名	212D	214D	142D	216D	144D	218D	220D	222D	224D	226D	228D	230D
0.0	荒砥発	5 40	6 55	…	8 22	…	10 30	11 58	13 18	…	16 03	16 49	18 53
2.7	鮎貝〃	5 45	7 00	…	8 26	…	10 35	12 02	13 22	…	16 08	16 57	18 57
6.0	蚕桑〃	5 50	7 07	…	8 32	…	10 43	12 08	13 28	…	16 14	17 03	19 00
9.5	羽前成田〃	5 56	7 13	…	8 37	…	10 49	12 14	13 33	…	16 17	17 08	19 06
12.2	長井〃	6 01	7 19	8 12	8 42	10 48	11 02	12 21	13 41	14 08	16 19	17 13	19 11
13.3	南長井〃	6 04	7 22	8 18	8 45	10 51	11 05	12 24	13 44	14 11	16 17	17 19	19 14
15.6	時庭〃	6 09	7 27	8 19	8 49	10 55	11 09	12 28	13 48	14 22	16 30	17 23	19 19
18.3	今泉着発	6 14	7 33	8 24	8 53	11 00	11 13	12 31	13 51	14 36	16 37	17 29	19 36
		6 31	7 41	8 25	9 07	11 04	11 20	12 31	13 51	14 40	16 42	17 33	19 41
20.3	西大塚〃	6 35	7 45	米沢着	9 11	米沢着	11 25	12 35	13 55	14 44	16 45	17 37	19 47
23.7	梨郷〃	6 41	7 51	9 02	9 17	11 43	11 31	12 40	14 01	14 50	16 49	17 43	19 53
26.1	西宮内〃	6 46	7 57	9	9 23	11	11 38	12 45	14 06	14 56	16 52	17 48	19 56
27.5	宮内町〃	6 51	8 00	…	…	…	11 46	12 49	14 11	15 00	16 57	17 52	19 59
30.6	赤湯着	6 56	8 05	…	9 31	…	11 52	13 14	13 14	15 04	17 00	17 56	20 02

会津線

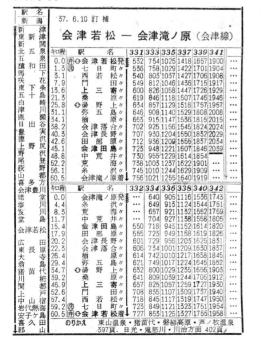

会津若松 —— 会津滝ノ原 （会津線）

（37.6.10 訂補）

大船渡線

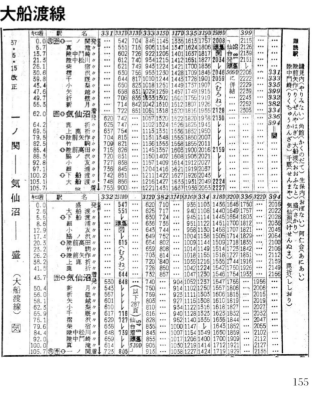

一ノ関 —— 気仙沼 —— 盛 （大船渡線）

（37・5・15 改正）

『白河市史』に登場する白棚線

白棚鉄道の開業

明治43年「軽便鉄道法」が公布された段階で、棚倉町長高橋信成や白河町の佐久間平三郎・鈴木喜一郎らが、須賀川町出身の憲政会代議士・愛国生命保険社長の鈴木万次郎に働きかけた。鈴木は、東京の西田仁三郎・安川栄次郎・有賀文八郎らとともに「白棚軽便鉄道」を企立した。西田は金山村の金鉱山を経営、安川は製薬業で同村梁森に炭鉱を経営。有賀は釜子村出身の実業家で、浅野セメント（株）支配人、外国貿易も営む。発起人には、政治家の河野広中や、福島の土建業・実業家大島要三らも名を列ねている。地元では、これまでも鉄道実現に運動してきた有力者たちである。この認可申請に、県知事は、発起人の大部分は「地方人民ニシテ地方ノ興望ヲ代表シ、信用・資産共ニ不足ナク」営利よりも地方開発を志し、「容易ニ確実ニ成功ノ見込」がある、と添申した。大正2（1913）年6月に敷設が免許された。この段階で発起人代表の西田は、起業の役割を了えて脱退する。

大正3年6月17日、白河町上ノ台の白陽館（のち白河ホテル）で、社名を「白棚軽便」から「白棚鉄道株式会社」と改めて創立総会を開いた。株主総数947人。100株以上の株主は大島要三（500株）・鈴木万次郎（400株）・安川栄次郎（200株）・鈴木秀一（万次郎の子・100株）で、全株数の30パーセント。50株が14人（白河町7・東白川郡5・他1人）、40～10株41人（ほとんど地元）。それ以下の株主も、ほぼ全員が沿線一帯の住民。うち1株の株主数が65パーセントで、その大半が東白川郡の人々。現実には1株を複数人で負担するなど、地域の自治組織を通じて零細資金を調達している。資本金は20万円。同6年に50万円に増資。

社長には大島要三が就いた。大島は昭和7（1932）年に亡くなるまで在任。日本鉄道・奥羽線などの鉄道工事にかかわり、各種事業を経営、のちに憲政会ー民政党の代議士。重役に鈴木（万）・安川のほか、白河の鈴木喜一郎・服部宗次郎・大谷忠吉・大槻久之助・佐久間平三郎ら酒造・銀行頭取・富商と、棚倉町長高橋ら東白川方面の5人。鈴木万次郎は愛国生命保険から35万円を低利で融資した。

路線は院線（鉄道院の東北本線）白河駅前付近より南湖公園わきを通り古関・金山・社村を経て、東白川郡社川村金沢内から根子屋川筋を棚倉（現水郡線棚倉駅付近）に入る14マイル（22.4キロメートル）。起点から南湖までの路線は、街の西側か、東側を通すか2案があった。折しも東北本線は、道場小路の南より道場町・登町の西を通っているのを、現在の路線に移すことになっていたので、廃される線路敷の払い下げを受けることになり、西回りのルートに決まった。

用地買収は、地主ごとに、あるいは部落単位で交渉、沿線停車場敷地は、部落が地主より買収して鉄道会社へ寄付した。石炭輸送のため、金山村梁森駅の停車場から炭鉱へ貨車引き込み線1マイルを敷設した（この専用線は大正7年に炭鉱会社へ売却）。施設工事は社長の大島組が請け負った。東京の鈴木周太朗請負とする資料もある。線路軌間は2フィート4インチの予定だったが、院線と同軌に変更。レールと車両、蒸気機関車2・客車6・貨車4輌は、鉄道院より購入または払い下げを受けた。当時は第1次世界大戦で鉄類は暴騰していたが、レールなどの払い下げによって、建設負担が軽減された。

大正5（1916）年10月8日、開業。まず白河駅より金沢内駅まで営業し、同月29日より残る棚倉駅までの約4キロメートルも運行し全通した。これまで乗合馬車や荷馬車などで貨客を運んでいた白河・棚倉間が鉄道で結ばれた。

白棚鉄道の営業と国有化

開業当時の列車運行は1日4往復。白河～棚倉の所要時間は1時間。旅客運賃は3等43銭、車両の一部に設けた2等席は74銭。白河～金山は3等26銭・2等45銭。途中駅は南湖・関山口・古関・磐城金山・梁森・金沢内。

開業当初は、第1次世界大戦に伴う好況下で、営業は順調だった。大正6年前期には、貨車が足りず「発送貨物ハ常ニ各駅ニ堆積シ、荷主ノ要求ヲ充ス能ハズ」と、会社は報告している（各年度「営業概要」）。翌年度も「イヨイヨ好況、沿線炭坑会社ノ近ク新鉱ニ着手スルアリ」。上昇してゆく運輸量（概数）について、大正6年と同9年を比べると、旅客は8万人（1日平均217人）から15万人余（414人）へ、貨物は2万2000トンから4万5000トンに、貨客運賃収入は3万9000余円から10万4000余円に増えている。同9年の同社人員は13人の重役のほか、従業員54人。「順調」な営業を続ける同11年に、白河町で、白河と石川町を結ぶ磐城鉄道会社が創立しているが、後に述べる。同10年、院線の白河駅舎が現在地に移ると、白棚線の駅舎も、連繋して現在のNTT社屋の辺りに移動した。

大正12年、「（営業は）順調トイエドモ、財界不振深刻」化し、貨物輸送が翳ってくる。不況下で沿線の炭鉱は廃れ、貨物は木材・木炭・薪や穀類・葉煙草・繭・肥料などだが、きわだった物産もない。翌年以降白棚間に「乗合自動車（小型）ノ旅客輸送、相次デ開始」し、鉄道客を奪いだす。鉄道にほぼ並行する道路では、こののち、乗合自動車や貨物自動車が競合運行し、鉄道に影響した。昭和6年には白～棚の乗車賃69銭を50銭に値下げなどして、これに対抗している（「福島民友」）。同12年10月、機関車の煙突が吐く飛び火で、古関村番沢の2戸が全焼、玄米120俵を焼失した。会社からの保証金は600円だったと伝える。

昭和3（1928）年、当時蒸気機関車3・客車6・貨車39輌を保有していたが、貨物輸送が減ったので、客貨車混成

の列車のほかに、瓦斯倫自動客車2輌を導入した。翌年登町・番沢・三森に、無人の2停留所を増設。登町には白河中学があり、棚倉方面よりの通学生が乗降した。明るい色彩の軽快なガソリンカーに「現代」を感じた沿線住民は、これを「モダン」と呼び、「モダン」は白棚線のニックネームにもなった。

昭和5年、「不況深刻、沿線地方農村疲弊甚ダシ」。翌年、「乗降客極めて寂莫タリ」。列車ダイヤ改正。1日8往復に増発。白～棚48分、乗車賃の2・3等を廃し、白～棚67銭。昭和7年の輸送量を、の大正9年と比べると、貨客ともかなりダウンしており、貨物に石炭が消えている。

昭和7年11月1日、水戸から敷設を進めていた水郡線が棚倉まで開通した。「白水」ではなく「水郡」線として実現した省線（鉄道院は大正9年より鉄道省）である。会社としては、「この「水郡南線」が棚倉に達すれば、東北本線と常磐線が白棚線で連絡され、「白棚鉄道本来ノ使命ノ一端ハ達セラレタ」、両線の棚倉駅における連繋運輸は、当社に委託された。「今後の成績期シテ待ツベキモノアリ」と期待している。にもかかわらず、それは小私鉄白棚鉄道の経営を侵した。大正13（1924）年の営業収入を100パーセントとすると、水戸からの鉄道敷設が棚倉に近づくにつれて年々逓減した。茨城県久慈郡大子駅が開業した段階で78パーセントに減り、塙駅にのびると43パーセントに、棚倉駅開業後には約3分の1に激減している（昭和10年「白棚鉄道政府買収請願理由」以下「請願理由」と略称）。そして郡山からの「水郡北線」も延びてきて、昭和9年には全通した。棚倉の後背地域から白棚線の回路で東京や郡山・福島へ向かっていた貨客が、水郡線に蚕食された。

ここにおいて白棚鉄道の挽回は見込めなくなり、同社は政府へ鉄道買収を請願する。「曽テ十年間政府ニ於テ補助金ヲ下付シ、大ニ之ヲ助長セシメタルモ、今日ニ於テ（省線が）会社ノ勢力範囲ヲ奪ヒ、足レヲ死地ニ陥ラシメ」た。地方鉄道には類似の例があるだろうが、「白棚鉄道ノ如ク主要物質ヲ殆ド全ク省線ニ奪ハレ」たのは稀である、と訴えている（「請願理由」）。沿線町村も、同時に省営化を請願した。

昭和11年、政府借り上げが決定した。翌12年に日中戦争が始まると輸送が増えてくる。同年、早くも従業員3人が戦地へ出征する。同13（1938）年10月1日、鉄道省が借り上げ移管した。私鉄白棚鉄道は、同16年5月1日の買収以前に、事実上、省営白棚線となった。

社長は昭和7年に大島が亡くなったあと、暫定的に白河商業銀行頭取の服部宗次郎が継ぎ、ついで社内から、創立以来の職員で常務取締になっていた内藤六三郎が就任した。内藤は、同6～7年と11～12年に白河町長。移管の段階では、白河町の金物商で、同社の発起人の1人でもあった佐久間平三郎が就任。この頃は株主の上層の多くが白河

町民であった。移管されても従業員52人のうち48人が、そのまま引き継がれた。ただ車掌は省線から転属してきて、従来の女性車掌3人は配置換えになった。省線になっても沿線住民にとっては「白棚線」であり「モダン」であった。

昭和16（1941）年5月、鉄道省が買収。大正5年開業以来、白棚鉄道が地域に果たした役割は決して少なくなかったが、市場基盤が薄弱で小私鉄を培養しきれず、企業としては頓挫したが、国有化によって廃線を免れたのは幸いであった。

昭和12年と同16年に鉄道省は、白棚を含む8社を買収しているが、さらに同18・19年には軍需産業にかかわる22鉄道を買収し国有化する。省営化後、皮肉にも営業は好転する。戦争の影響で、鉄道輸送量が増え、また自動車輸送が燃料や資材の欠乏によって減退し、貨客が鉄道に転移してきた。これは全国的現象であるが、白棚の場合、石炭需要の高揚に伴い、白棚鉄道の発起人・株主であった安川が経営していた「白河炭鉱」の後身である「昭和炭鉱」ほか「日産（のち富士）・白棚」などの炭鉱が回春あるいは開業し、多くの炭鉱労働者が入り込んできて、貨客輸送も上向いてきたのである。

けれども戦争が深刻化してくると、軍需資材が逼迫し、「国家総動員法」に基づいて鉄材などの金属回収令を発令する事態となった。昭和19年運輸通信省（前年鉄道省が改組）は、緊急度の低い官私鉄道の、設備・資材の転用を計画した。同年12月、白棚もその対象にされた。従業員や車輌は配属替えとなり、レールは撤去された。そのレールが、戦時増設された他線や軍需工場の引き込み線に転用されたか、占領地へ輸送して現地に敷設されたのか、スクラップ化して再生したのか、終戦後にこの資料は、鉄道の本庁で廃棄したので不明である。この時期にレールを撤去した例は、札沼線など。複線を単線化したのは、御殿場線全区間や参宮線・関西本線などの一部区間。御殿場線の場合、レールは山陽本線や信越線の戦時増設区間に転用されている。

同年9月、白河町長大谷五平・古関村長近藤力や沿線町村長は、運輸通信大臣にあて、この撤収措置が「真ニ必緊必須ヲ極ムル戦力ノ充実強化」のためであることは熟知しているが、廃線になると、住民や通学生徒の交通が絶たれ、「目下盛ンニ採炭供出ニ奮励中」の梁森・金山炭鉱を含む沿線産業も重大支障を来す、と述べて鉄道存置を陳情している。けれども「戦力強化」の「国策」に対しては、地元住民のこのような要望も無力であった。国策によってレールが撤去されると、並行している道路を「省営バス」と省営の貨物自動車が走行した。すでに戦争末期でガソリンもなく、木炭や薪を焚いて悪路を運行した。故障が頻発し、逆川の坂道では、乗客が降りて「木炭バス」を後ろから押すこともあった。ダイヤは乱れ、輸送力は減退した。レールを失った路盤・道床はそのまま残されて、終戦を迎えた。

『喜多方市史』に登場する日中線

日中線の開通

　野岩羽線の建設計画は明治の中頃に始まるが、喜多方と熱塩間を結ぶ日中線の敷設の起工式が行われたのは昭和11年1月であった。日中線建設運動については『市史』8「旧町村誌・喜多方町」に詳述されている。

　日中線建設にむけて新設駅付近の戸数および人口・乗降人員の方面別予想・貨物着発量の方面別予想・通勤通学生の予想・地方交通の状況・過去における積雪量などの環境・経済状況調査が行われた。上三宮村が昭和11年に作成したメモが残されている。「乗降人員　喜多方方面1日50人、加納方面10人、通勤通学生　乗車の見込なし、貨物　発米其の他、着雑貨肥料其の他、積雪　大積雪6尺」というものであった。

　わずか12km足らずの部分的な路線で、経済的効果がどれだけ見込めたかは疑問が残るが、地方民待望の日中線は昭和13年8月開通した。「各村ごとに駅が設けられ乗降の便に恵まれましたことは言うまでもなく農産、工産に又は鉱産に或いは沿線一帯に繁茂する自然の産物等重要物資の集散に、利益は甚大なるものが期待される」と、日中線開通祝賀会において喜多方町長は式辞で述べていた。開通時の時刻表によると上下各6本の列車の運行であった。沿線の様子については、『福島民報』の開通特集記事や喜多方駅長の日中線一覧表で見ることができる（『市史』6（下）資料406・407）。山形県米沢市への路線の延長が度々陳情され、建設促進運動が展開されたが、戦時下ついに実現を見るにはいたらなかった。

『福島市史』に登場する川俣線

福相鉄道の計画

　福島と相馬をつなぐ福相鉄道は、川俣線の頭初の計画で、明治30年頃からたてられていたようである。その実現のため、明治44（1911）年1月には、福島市を中心に信夫・安達・伊達・相馬・双葉5郡の有志が、福島に会同し、福相鉄道期成同盟を組織して、その実現方をはかる請願書を貴衆両院に提出した。この会の定めるところによると、福相鉄道は奥羽線の延長として浜通りの海岸にぬけるもので、通過地点などは明らかにされていないが、会の事務所を各郡役所内におくことになっているのを、伊達郡にかぎって「川俣町が最も直接に利害関係深きを以って」（明治44年1月10日「民報」）川俣町役場に置くとあるのをみると、川俣経由の案になっていたと考えざるを得ない。この件は、第27回帝国議会衆議院において長代議士ほか3人の建議で「常磐線原ノ町又は浪江ヨリ分岐シ、川俣ヲ経テ福島又ハ松川ニ接続スル鉄道」（「川俣鉄道沿革史」）となっていた。

軽便鉄道敷設建議

　福相鉄道の早期実現が見込みうすだというので、大正2（1913）年にいたり関連町村長連署で軽便鉄道敷設を請願した。大正8年さらに地元の請願をうけて、県出身の八田・平島両代議士らが、「松川駅又ハ安達駅起点トシ、川俣町ニ達スル軽便鉄道」（前掲誌）を速かに建設するようにとの建議を行なった。

　このような経緯をへて、福相線は実現をみなかったが、松川・川俣間の川俣線は大正13年3月着工、同15年3月に開通した。

『南陽市史』に登場する長井線

長井線の建設と開通

　明治中ごろから山形県議会では政府に対し、県内に鉄道敷設することについて強く要望書や意見書を提出していた。軽便鉄道法が明治43年4月公布、8月に施行され、翌年8月に軽便鉄道補助法が成立した。そこで山形県議会では大正元年12月、具体的に置賜・村山・庄内の3地区に、軽便鉄道敷設に関する意見書を提出して運動をつづけた。その結果置賜地方に長井線、村山地方に左沢線の敷設が決定になった。明治43年と44年に、軽便鉄道敷設の準備として、東置賜郡内の戸数、旅客、貨物等の動態調査が行われ、大正元年10月4日には鉄道院から係官が派遣され、軽便鉄道に関する実地調査が行われた。まもなく工事に着手して、翌2（1913）年10月26日に待望久しかった長井軽便鉄道が

赤湯駅から宮内町駅を経て梨郷駅まで開通した。

　軽便鉄道は、私設鉄道普及のため明治43（1910）年から大正8（1919）年まで、鉄道敷設法によらないで建設された鉄道で、レールの幅は国内鉄道と同じであるが、機関車や車両は小型である。車両は俗にマッチ箱ともいわれ、内部の腰掛は向い合って横に区切られており、その区切りごとにドアがついているので、発車停車のたびに車掌がドアの鍵をはずしたり、かけたりしたものであった。

　赤湯駅から荒砥駅間全線（30.6キロメートル）が開通したので長井線と改められた。

　大正13年12月、左沢線と長井線を接続する運動が西村山郡東五百川村（現朝日町）を中心に始まりさらに昭和7年ごろ、国鉄左沢線左沢と荒砥を結ぶ、左荒線の構想もあり、期成同盟会が結成されたが、現在は立ち消えになっている。

物資の流通

　明治33年4月に奥羽線が米沢から赤湯まで（16キロメートル）開通した。

　さらに大正2年10月「軽便鉄道」として、赤湯〜梨郷間（6.5キロメートル）が開通した。その後大正12年4月には荒砥まで全線が開通してからの長井線沿線は、汽車が通ることにより、荷物が大幅に増加し、特に赤湯・宮内周辺は大きく様変わりした。それに伴い地場産業の発展に大きく貢献をしてきた。宮内・漆山地区は明治初年から生糸の生産、生糸の原料となる養蚕が手広く行われてきた。

　長井線の利用はこのほか、生活や生産と深くむすびついていたことがうかがえる。このことは太平洋戦争まで欠くべからざるものであった。集散物をみると住民生活に及ぼす影響も大きかったと思われる。

　国鉄開通前は荷車、馬車または舟便等により運送していた品物が、国鉄を利用することによって貨物の輸送が大幅に増加した。当地での養蚕に絶対必要な桑は、最盛期には地元の桑では不足するため、他県から貨車により毎日赤湯駅・宮内町駅に運ばれ、桑の仕入れをする仲買人（桑散秤）が、汽車の到着の都度駅前に集まり右往左往し、附近には桑を仕入したり出したりする人で、駅前は荷物とそれらを運ぶ荷車等でごったがえした。

　それらに伴い飲食店、商店等も大いに賑い繁昌した。一方、大正・昭和年代に入り、吉野地区の各鉱山から掘り出される鉱石は、トラック輸送により、毎日のように宮内町駅から貨車につまれ、関東方面に運ばれていった。

『気仙沼市史』に登場する大船渡線

大船渡線開通

　大正7年、米騒動で寺内内閣が退陣、内閣は政友会の原敬に渡った。原は盛岡人で南部藩500石、家老の家柄であるが、世間は藩閥・官僚・軍部出身でないので平民宰相と呼んだ。この原内閣の下で鉄道会議が開かれて磐仙鉄道が日の目を見ることとなった。

　それは9年から工費350万円で、5か年継続の工事を進めるというものであった。基本設計は終わっていたが、政治情勢の変化でどうなるか安心ができなかった。

　一関、気仙沼間鉄道運動はなく、明治33年に私鉄として仮免許を受けたが、5万2000株の募集目標が果せず取り消された。次いで44年に軽便鉄道にしてはという構想がでたが、急にここにきて実現に近づいたのである。

　この鉄道は最終的には大船渡線と呼称されたが、本格的に工事が開始されたのは大正12年末からで、次のような計画であった。しかし原敬首相は10年11月、東京駅頭で刺殺された。

　磐仙鉄道実現に努力した憲政党の代議士柵瀬軍之佐を破って登場した佐藤良平（資産家・横屋）が路線を変更する要求を出して、門崎から急に迂回して松川に回るなべづる線をつくらせたのである。佐藤は政友会で原が立てた人物である。

　門崎から千厩まで直線にするコースが、このために沿線の人々は約20分も遠回りをし、料金もその分高く払う始末となったのである。

　村や町の中を通らず横に走る路線に住民は怒り、盛岡工事々務所も困惑したという。抗議する住民に「口を出すな」といい、我意を押し通したとも伝えられている。

　ともあれ昭和2年7月千厩駅まで開業、折壁から気仙沼への杭打ちも始まった。9月、千厩ー折壁間が開通した。

　気仙沼側からもバスで乗り継ぐ汽車利用者が逐次ふえていった。

　昭和4年2月23日、気仙沼は大火後の復興のために鉄道も工事を急いで7月31日、ついに気仙沼駅の開業式が行われた。一関ー気仙沼間37哩2分（62キロ）、折壁から気仙沼間7哩6分（12.3キロ）が完成したのである。

　開業式の日、町内は国旗を軒ごとに掲げ、駅前に群集は何千と出て、楽隊の吹奏する音楽も賑かで、かつてない祝賀ムードに包まれていた。黒煙をあげ蒸気を噴出、聞いたことのない汽笛に驚いたという。

　駅長は大石文四郎、試乗に町内有志が招待された。明治30年、鉄道運動を起してから30余年、待望の鉄道開通であった。

　この年の気仙沼駅乗客は81,896人、降客は79,922人で、貨物は出荷15,967トン、入荷は12,593トンであった。

山田 亮（やまだ あきら）

1953年生、慶応義塾大学法学部卒、慶応義塾大学鉄道研究会ＯＢ、鉄研三田会会員、
元地方公務員、鉄道研究家で特に鉄道と社会の関わりに関心を持つ。
1981年「日中鉄道友好訪中団」（竹島紀元団長）に参加し、北京および中国東北地区（旧満州）を訪問。
1982年、フランス、スイス、西ドイツ（当時）を「ユーレイルパス」で鉄道旅行。車窓から見た東西ドイツの国境に強い衝撃をうける。
2001年、三岐鉄道（三重県）70周年記念コンクール「ルポ（訪問記）部門」で最優秀賞を受賞。
現在、日本国内および海外の鉄道乗り歩きを行う一方で、「鉄道ピクトリアル」などの鉄道情報誌に鉄道史や列車運転史の研究成果を発表している。

（主な著書）

「相模鉄道、街と駅の一世紀」（2014、彩流社）
「上野発の夜行列車・名列車、駅と列車のものがたり」（2015、JTBパブリッシング）
「JR中央線・青梅線・五日市線各駅停車」（2016、洋泉社）
「南武線、鶴見線、青梅線、五日市線、1950～1980年代の記録」（2017、アルファベーターブックス）
「常磐線、街と鉄道、名列車の歴史探訪」（2017、フォトパブリッシング）
「1960～70年代、空から見た九州の街と鉄道駅」（2018、アルファベーターブックス）
「中央西線、1960年代～90年代の思い出アルバム」（2019、アルファベーターブックス）
「横浜線」「内房線」「外房線」「総武本線、成田線、鹿島線」街と鉄道の歴史探訪
（2019～2020、フォトパブリッシング）
「京浜急行沿線アルバム」（2020、アルファベーターブックス）
「東急電鉄沿線アルバム」（2021、アルファベーターブックス）
「昭和平成を駆け抜けた長距離鈍行列車」（2020、フォトパブリッシング）
「昭和平成を駆け抜けた想い出の客車急行」（2021、フォトパブリッシング）
国鉄優等列車列伝「さくら」「みずほ」（2021、フォトパブリッシング）

【写真撮影】

荻原二郎、安田就視、山田虎雄、山田 亮
（RGG）荒川好夫、小野純一、木岐由岐、河野 豊、高木英二、
玉木正之、松本正敏、宮地 元、森嶋孝司

◎黒石駅　1974（昭和49）年7月　撮影：山田 亮

国鉄・JRの廃線アルバム
【東北編】

発行日……………………2021年12月3日　第1刷　※定価はカバーに表示してあります。

著者…………………山田 亮
発行者………………春日俊一
発行所………………株式会社アルファベータブックス
　　　　　　　　　　〒102-0072　東京都千代田区飯田橋2-14-5 定谷ビル
　　　　　　　　　　TEL. 03-3239-1850　FAX.03-3239-1851
　　　　　　　　　　https://alphabetabooks.com/

編集協力………………株式会社フォト・パブリッシング
デザイン・DTP ………柏倉栄治
印刷・製本……………モリモト印刷株式会社

ISBN978-4-86598-877-2　C0026